FORSCHUNGSBERICHTE
DER ARL

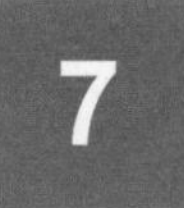

Hubert Job, Marius Mayer, Peter Haßlacher, Gero Nischik, Christoph Knauf, Marco Pütz, Josef Essl, Andreas Marlin, Manfred Kopf, Stefan Obkircher

Analyse, Bewertung und Sicherung alpiner Freiräume durch Raumordnung und räumliche Planung

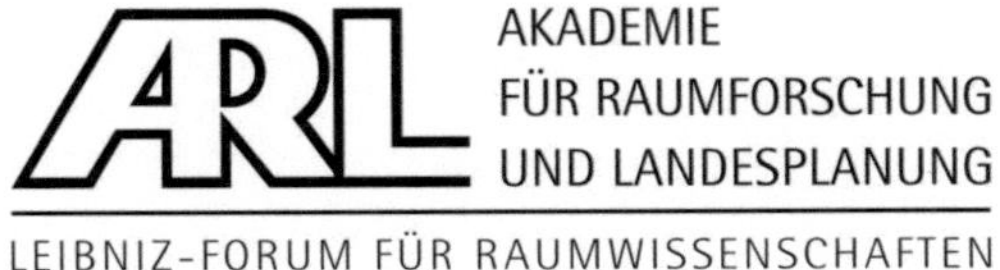

AKADEMIE
FÜR RAUMFORSCHUNG
UND LANDESPLANUNG
LEIBNIZ-FORUM FÜR RAUMWISSENSCHAFTEN

Hannover 2017

Es wurden überwiegend grammatische Formen gewählt, die weibliche und männliche Personen gleichermaßen einschließen. War dies nicht möglich, wurde zwecks besserer Lesbarkeit und aus Gründen der Vereinfachung nur eine geschlechtsspezifische Form verwendet.

Das Manuskript wurde einer wissenschaftlichen Begutachtung unterzogen (externe Qualitätskontrolle) und nach Berücksichtigung der Gutachterempfehlungen der Geschäftsstelle der ARL zur weiteren Bearbeitung und zur Veröffentlichung übergeben. Die wissenschaftliche Verantwortung für die Beiträge liegt bei den Autorinnen und Autoren.

Geschäftsstelle der ARL:
Prof. Dr. Andreas Klee (klee@arl-net.de)

Forschungsberichte der ARL 7
ISBN 978-3-88838-083-9 (PDF-Version)
ISSN 2193-183 (PDF-Version)
Die PDF-Version ist unter shop.arl-net.de frei verfügbar (Open Access).

ISBN 978-3-88838-084-6 (Print-Version)
ISSN 2193-1542 (Print-Version)
Druck: Books on Demand GmbH, 22848 Norderstedt

Verlag der ARL – Hannover 2017
Akademie für Raumforschung und Landesplanung
Satz und Layout: C. Moghaddesi, G. Rojahn, O. Rose
Sprachliches Lektorat: H. Wegner

Zitierempfehlung für die Netzpublikation:
Job, Hubert; Mayer, Marius; Haßlacher, Peter; Nischik, Gero;
Knauf, Christoph; Pütz, Marco; Essl, Josef;
Marlin, Andreas; Kopf, Manfred; Obkircher, Stefan (2017):
Analyse, Bewertung und Sicherung alpiner Freiräume
durch Raumordnung und räumliche Planung
Hannover. = Forschungsberichte der ARL 7.
URN: http://nbn-resolving.de/urn:nbn:de:0156-08391

Akademie für Raumforschung und Landesplanung (ARL®)
Leibniz-Forum für Raumwissenschaften
Hohenzollernstraße 11, 30161 Hannover
Tel. +49 511 34842-0, Fax +49 511 34842-41
arl@arl-net.de, www.arl-net.de

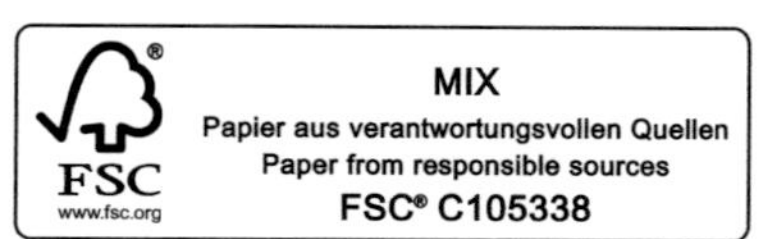

INHALT

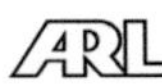

Danksagung

Die Autoren danken der Akademie für Raumforschung und Landesplanung (ARL) für die finanzielle und logistische Unterstützung bei der Realisierung des Forschungsvorhabens. Zudem gilt der besondere Dank Prof. Dr. Andreas Klee und Prof. Dr. Ingo Mose für die Unterstützung bei der Konzeption und Ausarbeitung des vorliegenden Werks. Darüber hinaus sind wir folgenden Personen zu Dank verpflichtet: Constanze Becker, PD Dr. Oliver Bender, Thomas Bläser, Prof. Dr. Tobias Chilla, Bernhard Hefinger, Dr. Roland Kals, Prof. Dr. Felix Kienast, Dr. Kurt Kußtatscher, Dr. Klaus Lintzmeyer, Dr. Gottfried Schindlbauer, Dr. Konrad Stockner, Dr. Thomas Philipp Streifeneder, Dr. Sabine Weizenegger, Henning Werth.

In memoriam den beiden kürzlich verstorbenen verdienten Alpenforschern und Mitbegründern der Angewandten Geographie: Frau emer. o. Univ.-Prof. Dr. phil., Dr. h.c. mult. Elisabeth Lichtenberger, Wien († 14.02.2017), wirkliches Mitglied der ÖAW, und Herrn emer. o. Univ.-Prof. Dr. rer. nat., Dr. h.c. Karl Ruppert, München († 29.03.2017), Mitglied der ARL.

1 Einleitung

Als Naturraum haben die Alpen bekanntlich eine europaweit herausragende Bedeutung, indem sie Ökosystemleistungen wie Versorgungs- (z. B. Wasser- und Holzlieferant), Regulierungs- (z. B. Grundwasserfilterung), kulturelle (z. B. Landschaftsästhetik) und Basisleistungen (z. B. Bodenbildung) erbringen. Als komplexes, seit Jahrtausenden vom Menschen in Wert gesetztes Ökosystem sind sie aber nicht nur zusammenhängender Naturraum mit einem hohen Maß an Vielfalt bei Flora und Fauna. Wegen ihrer als junges Faltengebirge ausgeprägten Reliefenergie sind sie, was rezent-morphologische Prozesse angeht, auch ein hervorragender Klimazeiger. Sie fungieren des Weiteren als kontinentaler Ressourcenlieferant (Funktion als „Wasserschloss"), als Identifikationsraum, das heißt als Lebens- und Erholungsraum mit einer lange tradierten Bewirtschaftungsweise der Kulturlandschaft, vielfältigem Brauchtum und charakteristischen Lebensstilen der Bevölkerung. Nicht zuletzt sind sie eine globale Tourismusdestination (Goppel 2003: 119; Köhler 2003: 61; Mayer/Kraus/Job 2011; Bätzing 2015a). Somit unterliegen die Alpen in öffentlichen Diskursen vielfach widerstrebenden Wahrnehmungen und Nutzungsansprüchen unterschiedlicher gesellschaftlicher Gruppen und öffentlicher wie privater Akteure (vgl. Mayer/Job 2014 für das Beispiel Bayerische Alpen).

Das Motto der Olympischen Spiele „Citius, altius, fortius" gilt für diese unbestritten große wie großartige Tourismusdestination heute mehr denn je. Trotz der für den langfristigen Erfolg des Skitourismus vielfach ungünstigen Klimaprognosen (vgl. Soboll/Dingeldey 2012; Soboll/Klier/Heumann 2012; Steiger/Abegg 2013; Abegg/Steiger 2016) werden nach wie vor jährlich hohe Investitionen in das touristische Angebot der alpinen Wintersportdestinationen getätigt (z. B. 570 Mio. Euro für die Wintersaison 2015/2016)[1]. Dies gilt aber längst nicht mehr nur für den Wintersport, sondern auch für den Sommertourismus. Vielfach werden die langfristigen Konsequenzen für Mensch und Umwelt nicht bedacht (vgl. Job 2005; Haßlacher 2006; Steiger/Mayer 2008; Mayer/Kraus/Job 2011; Rupf/Wyttenbach/Köchli et al. 2011; Bätzing 2015a; Bätzing 2015b; Siegrist/Gessner/Ketterer-Bonnelame 2015; Haßlacher 2016a). Superlative verkaufen sich bestens und nach wie vor werden bislang unerschlossene alpine Räume somit zu „Spielwiesen" des massentouristischen Outdoor-Sports.[2] Nach wie vor finden Neuerschließungen statt,[3] zumeist für Skigebietszusammenschlüsse (Alpbach-Wildschönau 2012/2013, Arl-

---

[1] https://www.wko.at/Content.Node/branchen/oe/TransportVerkehr/Seilbahnen/Infoblatt-Die-Seilbahnen-in-Zahlen.pdf (13.03.2017).

[2] „Überall in den Alpen liefern sich die Skigebiete einen Wettkampf um mehr Größe, mehr Luxus, mehr Nervenkitzel. In Sölden wurden 30 Millionen Euro in eine Seilbahn investiert, nicht weit entfernt, im Stubaital setzte man mit der Eisgratbahn 64 Millionen Euro in den Gletscherschnee. Die Aufrüstung geht weit über die Skipisten hinaus. In Hochgurgl wurde ein gläsernes Motorradmuseum auf 2175 m Höhe errichtet, am Schweizer Schilthorn schmiegt sich seit dieser Saison ein 200 m langer ‚Thrill Walk' um den Fels" (Pütz 2017: 72). Zur Versachlichung der Debatte sollte an dieser Stelle erwähnt werden, dass die im Zitat erwähnten Bahnen Ersatzanlagen an Standorten sind, wo seit 1948 bzw. 1973 bereits Bergbahnen standen. Diese Ersatzanlagen sind jedoch in Bezug auf sehr hohe Förderleistungen (jeweils Hauptzubringerbahnen) und Beförderungskomfort hervorhebenswert. Das Motorradmuseum in Hochgurgl befindet sich direkt an der in der Sommersaison viel befahrenen Timmelsjochhochalpenstraße. In den Alpen ist die touristische Erschließung jedoch zeitgleich an anderen Standorten auch rückläufig, wie geschlossene Skigebiete belegen, die es auch in Österreich gibt (vgl. Falk 2013). Im Idealfall werden diese Gebiete dann renaturiert (vgl. Dietmann/Spandau 1996).

[3] Z. B. Einseilumlaufbahn Versing in See, Paznauntal, Österreich 2014, Schlepplift Hirschbichl im Skigebiet Hochzillertal, Österreich 2015/2016, kuppelbare Sesselbahn Daunjoch am Stubaier Gletscher, Österreich 2012/2013 (vgl. lift-world.info; 12.03.2017).

berg West-Arlberg Ost 2016/2017, beide Österreich), nach vielen Jahren der Abstinenz (2003 Hockenhorngrat/Lötschental) auch wieder in der Schweiz, wie das Beispiel der jüngst für 2017/2018 genehmigten Skigebietsverbindung Andermatt-Sedrun über den Oberalppass im Zuge des „Andermatt Swiss Alps Resorts" des Investors Sawiris zeigt. Es wird also weiterhin eher auf quantitatives Wachstum gesetzt, während das skitouristische Angebot durch Uniformisierung immer austauschbarer wird. Inzwischen wird deshalb verschiedentlich von einer Gentrifizierung von Skipisten gesprochen (vgl. Mayer/Hasenjäger 2016).

Eingriffe in die alpine Hochgebirgslandschaft, wie die zuvor erwähnten, gelangen oft nur dann an die breite Öffentlichkeit, wenn sie spektakulär genug oder heftig umstritten sind, um das Medienecho auf sich zu lenken. Als Beispiel für Letzteres kann zweifelsohne der derzeit bekannteste Berg Deutschlands gelten: das im Oberallgäu gelegene Riedberger Horn (1.787 m), dessen Causa in Leitmedien wie dem SPIEGEL, der FAZ oder der ZEIT thematisiert wird (vgl. Clauß 2016; Fitzthum 2017; Meier 2017). Die Gemeinden Obermaiselstein und Balderschwang beabsichtigen dort seit vielen Jahren den Zusammenschluss der Skigebiete Balderschwang und Grasgehren. Die hierfür geplante neue Bergbahn und Skiabfahrt lägen aber teilweise in der Zone C des Alpenplans, der im bayerischen Landesentwicklungsprogramm (LEP) seit 1972 als raumordnerisches Ziel festgelegt ist. Entsprechend diesem Ziel 2.3.6 LEP (2013) sind Verkehrsvorhaben wie Seilbahnen, Lifte und Skiabfahrten in der Zone C des Alpenplans jedoch landesplanerisch unzulässig (vgl. Goppel 2012; Job/Fröhlich/Geiger et al. 2013; Job/Mayer/Kraus 2014). Um diese Norm auszuhebeln und die Skischaukel genehmigungsreif zu machen, hat der Ministerrat des Freistaats unlängst über Änderungen der Zonenabgrenzungen des Alpenplans im LEP Beschluss gefasst.[4] Damit steht nunmehr die konkrete Gefahr im Raum, dass der Alpenplan zum ersten Mal seit Bestehen wegen eines touristischen Investitionsvorhabens zur verkehrstechnischen Erschließung aufgeweicht würde und somit künftig seine strikte Steuerungskraft vor Eingriffen in die sensible Alpenlandschaft der Zone C – wegen der Wirkung als Bezugsfall – verlöre (Mayer/Strubelt/Kraus et al. 2016).

Die weitere Erschließung, Versiegelung und Zerschneidung mit allen daraus herrührenden direkten und indirekten Belastungen im knappen alpinen Dauersiedlungsraum[5] gehören heute in den Tourismusgebieten zur Normalität (Rat für Nachhaltige Entwicklung 2004; Baier/Czybulka/Erdmann et al. 2006; Job/Pütz 2006). Es wäre jedoch eindeutig zu kurz gegriffen, identifizierte man die Problematik zunehmender Freiraumerschließung und -zerschneidung in den Alpen ausschließlich mit Tourismus. Deutlich flächenhafter und vermutlich quantitativ bedeutender als Erschließungen mit mechanischen Aufstiegshilfen ist die Zerschneidung von Geländekammern mit Forst- und Almfahrwegen (vgl. Mayer/Strubelt/Kraus et al. 2016 beispielhaft für die Bayerischen Alpen), das heißt Land- und Forstwirtschaft tragen abseits der Tallagen ebenso zur Problematik bei. Eine kritische Betrachtung dieser Erschließungsmaßnahmen wandelt jedoch auf einem sehr schmalen Grat, da die Anbindung mit fahrzeugtauglichen Wegen von Höfen

---

[4] Demnach soll Anhang 3 (zu 2.3.3) Alpenplan des LEP insoweit geändert werden, als die Fläche in der Zone C des Alpenplans, die für das Vorhaben am Riedberger Horn (Bergbahn und Skipiste) erforderlich ist (rund 80 ha), künftig der Zone B des Alpenplans zugeordnet wird. Zugleich werden zwar Flächen am Bleicherhorn sowie am Hochschelpen im Umfang von rund 304 ha, die sich in der Zone B befinden, künftig der Zone C zugewiesen (Verordnung zur Änderung der Verordnung über das Landesentwicklungsprogramm Bayern, Stand: 07.02.2017). Eines der letzten, vollkommen intakten, großen Birkhuhn-Biotope Bayerns wird damit allerdings preisgegeben und die amtlich fixierten rutschungsgefährdeten sogenannten Georisk-Bereiche im anstehenden Flysch schlichtweg negiert (Werth/Kraft 2015; LfU 2015).

[5] In Tirol liegt dieser Anteil beispielsweise bei 11,8 % des Territoriums (vgl. https://www.tirol.gv.at/statistik-budget/statistik/flaechennutzung; 12.03.2017).

und Almen für Berg- und Almbauern als unbedingt notwendig zur landeskulturell wünschenswerten Fortsetzung der Bewirtschaftung erachtet wird (Mayer/Job 2010).

Somit lässt sich feststellen: Ein allgemein starker Nutzungsdruck auf alpine Freiräume ist zwar schon in den 1970er Jahren aufgezeigt worden (Krippendorf 1975), aber heute mehr denn je gegeben. In der allgemeinen Diskussion um Freiräume sind häufig die Täler[6], die im historischen Rückblick alpenweit erheblich an Bevölkerung gewonnen haben, von Interesse (Bätzing 2015a; Bender/Roth/Job 2017). In dieser Studie werden primär die Freiräume im Außenbereich, im alpinen Kontext, also Gebiete oberhalb des Dauersiedlungsraums, thematisiert. Raumplanungsfachlich wird somit dort angesetzt, wo siedlungsnahe Gebietsfestlegungen zum Freiraumschutz wie Grünzäsuren, Grünkorridore und regionale Grünzüge in aller Regel enden. Das heißt allerdings nicht, dass alpine Freiräume immer nur an die oberen Höhenstufen gekoppelt sein müssen. Im Idealfall reichen sie bis ungefähr zur Untergrenze des geschlossenen Waldgürtels in die Unterhangbereiche der Täler hinein. Einerseits wird damit vermieden, dass sich die topologische Fixierung solcher Freiräume nur auf die konfliktärmeren Höhenlagen der sogenannten worthless lands konzentriert (Job/Fröhlich/Geiger et al. 2013; Bender/Roth/Job 2017; Mayer/Mose 2017). Andererseits wird mit dieser räumlichen Erweiterung nach unten zudem der engen raumstrukturellen Verflechtung zwischen der eigentlichen „Alpinregion“ und den Tallagen Rechnung getragen (z. B. durch Forst- und Almfahrwege), nicht zuletzt was den wintertouristischen Kontext der Skigebiete anbelangt (Haßlacher 2007a). Damit soll auch eine bessere Vernetzung der Lebensräume zwischen Bergwäldern, Lichtalmen und hochalpinem „Ödland“ erreicht werden (Schoßleitner 2016).

Das Untersuchungsgebiet der vorliegenden Arbeit ist im deutschsprachigen Alpenraum zu verorten, das heißt, es werden die jeweilig anteiligen Flächen am Gebiet der Alpenkonvention in Deutschland, Österreich (Bundesländer Salzburg, Tirol und Vorarlberg), der Schweiz sowie der Autonomen Provinz Bozen – Südtirol (Italien) analysiert. Sie zählen zu den touristisch am intensivsten erschlossenen und genutzten Regionen der Alpen (Mayer/Kraus/Job 2011: 34), in denen der Tourismus, insbesondere in hoch gelegenen, peripheren, dünn besiedelten Talschaften, vielfach die Leitökonomie verkörpert (Berwert/Rütter/Müller 2002). Zudem gibt es dort im Allgemeinen einen deutlich stärkeren und länger anhaltenden Bevölkerungs- und Flächennutzungsdruck in Relation zu anderen Alpenräumen (Bätzing 2015a: 304 ff.). Darum erscheint die Thematik der Erhaltung bislang unerschlossener oder wenig infrastrukturell vorbelasteter alpiner Landschaftsräume als Freiräume von besonderer Relevanz. Zudem weisen Kultur, Sprache, Geschichte, die touristischen Angebotsstrukturen sowie die juristischen Vorgaben in der räumlichen Planung im deutschsprachigen Alpenraum, verglichen mit den romanisch und slawisch geprägten Alpenregionen, sehr viel größere Ähnlichkeiten auf (Bätzing 2015a: 60 ff., 304 ff.).

Der Erschließungswettbewerb (um das jeweils größte zusammenhängende Skigebiet) zwischen Kommunen, Tälern, Regionen und Staaten macht dringend eine alpenweit geführte konstruktive Diskussion erforderlich (Haßlacher 2016b: 9). Angesichts der sich zuspitzenden Problematik bedarf es neuer Wege in der Raumordnung der Alpenstaaten,

[6] Probleme in den siedlungsnahen Lagen der Talschaften – wie z. B. die Zweitwohnungsproblematik (Sonderegger 2014) oder der Ausbau der Verkehrstrassen (Haßlacher 2016d) – sind mitunter sogar gravierender wegen des in der Regel flächenkleinen Dauersiedlungsraums.

die wieder deutlich mehr an Stellenwert gewinnen muss.[7] Diese hat eine konsensorientierte Balance zwischen Nutzung und Freiraum anzustreben, welche die verschiedenen, auf unterschiedlichen Maßstabsebenen agierenden Akteure beschreiten müssen: die Planungspraxis und die Wissenschaft, die Nichtregierungsorganisationen und die Einheimischen. Verbände, wie die Internationale Alpenschutzkommission CIPRA (CIPRA Deutschland 2016), plädieren für einen generellen internationalen Stopp betreffend die flächenhafte Erweiterung von Skigebieten. Das ist zu apodiktisch, zu kurz gegriffen und widerspricht zudem dem überwiegend neoliberalen Zeitgeist in der heutigen Politik. Es braucht ein besseres Verständnis für die raumfunktionale Ordnung nach Nutzungen unterschiedlicher Intensitätsstufen. Es braucht die vermehrte raumplanerische Sicherung von Freiräumen, als Schutzgebiete für Mensch und Natur. Es braucht eine neue alpine Raumordnungsarchitektur, die auch Nutzgebiete klar definiert (Mayer/Strubelt/Kraus et al. 2016; Haßlacher 2016c).

Der Freiraumschutz in den Alpen ist relevant für die Bewahrung des Naturerbes (Biodiversität), die Erhaltung der Landschaftsästhetik, die Sicherstellung der von diesen Flächen ausgehenden Ökosystemleistungen und die Gewährleistung der klassischen landschaftsbezogenen Erholungsvorsorge. Dies gilt es zu gewährleisten, ohne jedoch Wirtschaft und Verkehr über Gebühr einzuschränken. Denn die Alpen müssen als Lebens- und Wirtschaftsraum für die Einheimischen erhalten bleiben. Das ist die zeitgemäße Rolle der Raumordnungsinstitutionen im Sinne der Koordinationsaufgabe von widerstreitenden Raumnutzungsfunktionen im Alpenraum und dazu möchte dieses Werk beitragen.

Zunächst werden die Problemstellung und der aktuelle Forschungsstand bezüglich alpiner Freiräume skizziert und es wird ein Überblick über verschiedene, inhaltlich sehr divergierende Konzepte der Freiraumsicherung gegeben (Kapitel 2.1). Daraus abgeleitet erfolgt eine eigenständige, ganzheitliche Definition von Freiräumen (Kapitel 2.2). Nach der Erläuterung des Forschungsdesigns und der angewandten Methodik (Kapitel 3) folgt die thematische Einordnung der supranationalen Vorgaben für den gesamten Alpenraum – Alpenkonvention und EUSALP (Kapitel 4). Anschließend werden die seit Langem etablierten Instrumente zum Erhalt von Freiräumen im deutschsprachigen Alpenraum – fokussiert auf den bayerischen Alpenplan und Tiroler Ruhegebiete – dargelegt (Kapitel 5). Im weiteren Verlauf geht es um vier relativ aktuelle Ansätze zum Erhalt von Freiräumen ohne bisherige Implementierung in Raumordnung und räumliche Planung, die detailliert beschrieben und erläutert werden. Nachfolgend wird daraus die Synthese aus den verschiedenen bestehenden und neuen durchgeführten Analysen betrieben. Dabei werden vor allem die Unterschiede und Gemeinsamkeiten der verschiedenen Ansätze synoptisch gegenübergestellt und diskutiert (Kapitel 6). Abschließend werden die Erkenntnisse diskutiert, zusammengefasst und Forschungslücken angesprochen. Es geht mithin um eine Harmonisierung und Zusammenführung von Ansätzen des Freiraumschutzes im deutschsprachigen Alpenraum und insbesondere um das Aufzeigen der Möglichkeiten der planerischen Sicherung von alpinen Freiräumen im Allgemeinen – mit gleichzeitiger Bewertung des derzeitigen Umgangs mit diesen in Raumordnung und räumlicher Planung (Kapitel 7).

---

[7] Dass der wissenschaftliche Stellenwert der Raumordnung und Raumplanung für den Alpenraum derzeit ebenfalls relativ gering ist, zeigt die marginale Rolle dieser Thematik in Bätzings (2015a) maßgeblicher Monographie. Dort finden sich beide Begriffe nicht einmal im Sachregister. In Bätzing (2015b: 110) wird der Raumplanung immerhin die Rolle einer Begrenzung der touristischen Erschließung zugetraut, die sie besser erfüllen könne als Schutzgebiete.

2 Freiräume

Ziel der vorliegenden Arbeit ist es, unerschlossene, naturnahe oder wenig infrastrukturell vorbelastete alpine Landschaftsräume als Freiräume zu identifizieren und zu bewahren. Dabei existieren verschiedene tradierte und neuere Ideen und Konzepte zu Freiräumen. Unterstrichen wird diese Tatsache durch diverse Untersuchungen mit unterschiedlichen Herangehensweisen, was auch verschiedene Begrifflichkeiten zur Folge hat. Verwendet werden Begriffe wie beispielsweise naturnahe Freiräume, Freiflächen, Weißzonen, Ruhezonen, Ruhegebiete, Schutzzonen und weitere. Diese Begriffe unterscheiden sich in ihren Zielsetzungen, werden aber häufig synonym verwendet oder werden regional bevorzugt gebraucht, sind allerdings inhaltlich teilweise sehr verschieden definiert bzw. abgegrenzt (Baier 2006: 386; Häpke 2012: 14). All das ist mitzudenken, wenn hier zu einem übergreifenden Verständnis bzw. einer eigenständigen allgemeingültigen Definition von Freiraum im alpinen Kontext ausgeholt werden soll.

2.1 Aktueller Forschungsstand

Die grundlegende Funktion von Freiraum ist die Wahrung und Gewährleistung der natürlichen Lebensgrundlagen des Menschen (Boden, Wasser, Klima, Luft, Landschaft, Tier- und Pflanzenwelt) und der Funktionsfähigkeit der Ökosysteme (Erhalt und Regeneration). Hierfür wird eine entsprechende Menge an freiem Raum benötigt (Ritter 2005: 336). Im Einzelnen können Freiraumfunktionen in drei Bereiche untergliedert werden (BMVBS/BBR 2006: i): in ökologische (z. B. Landschafts-, Arten- und Biotopschutz sowie Bodenschutz), ökonomische (z. B. Land- und Forstwirtschaft) und soziale Funktionen (z. B. Hochwasser- und Immissionsschutz sowie Erholungsvorsorge und Landschaftsbild). Eine zunehmende Freiflächeninanspruchnahme und damit der einhergehende Verlust von Freiräumen können diverse negative Folgen mit sich bringen (vgl. Kapitel 1). Exemplarisch seien hier Bodenversiegelung, Landschaftszerschneidung und Fragmentierung von Lebensräumen (ökologische Folgen) sowie Verkehrsmengenzunahme oder steigende Infrastrukturkosten (ökonomische und soziale Folgen) genannt (Job/Vogt 2004: 852 ff.; Schiller/Siedentop 2005: 83 ff.).

Zunächst gilt es, die bestehenden Konzepte im Themenkomplex „Freiraum“ vorzustellen, um eine dieser Publikation zugrunde liegende, umfassende Definition vorzulegen bzw. diese, wo nötig, von bisherigen abzugrenzen. Die Debatte dreht sich dabei vorderhand um die Konzepte „Wildnis“, „Landschaftszerschneidung“, „Remote-Areas/Remoteness“ sowie „Ökologische Konnektivität“. Diese Auswahl ist an dieser Stelle nicht vollumfänglich, z. B. wurde auf das ältere Konzept der „Unzerschnittenen Verkehrsarmen Räume“ verzichtet (vgl. z. B. Fritz 1984: 284 ff.).

Das Konzept „Wildnis“ ist ebenso alt wie der Begriff an sich, jedoch ist dieser im Bereich der Schutzgebiete relativ neu (vgl. IUCN 2016: 5). Die Naturschutzdebatte in den USA – geführt unter dem Begriff „Wildnis“ - ist erstmals 1924 aufgekommen, der „Wilderness Act“ der USA stammt aus dem Jahre 1964 und stellt die erste nationale gesetzliche Verankerung von Wildnisgebieten dar (IUCN 2016: 5; Saarinen 2016: 2; BfN 2017: o. S.). Grundsätzlich wurde der Wildnisbegriff „[...] im 18. und 19. Jahrhundert als Gegenpol zu den vertrauten Kulturlandschaften Mitteleuropas entwickelt“ (BfN 2017: o. S.). Dabei werden vielfältige Verständnisse hervorgerufen (IUCN 2016: 2). Im Wesentlichen sind drei Bedeutungen zu identifizieren (IUCN 2016: 2):

- als Landschaft, die weitestgehend biologisch intakt, frei von industrieller Infrastruktur und weitestgehend ohne anthropogene Störeinflüsse ist (biologischer Anzeiger)
- als Schutzgebietskategorie „wilderness protected areas" (Kategorie Ib nach IUCN)
- als wesentliche Dimension der menschlichen Kultur (enge Verbundenheit des Menschen zur Wildnis aufgrund früherer Lebensformen)

Mittermeier/Mittermeier/Brooks et al. (2003: 10310 ff.) haben beispielsweise konkrete Kriterien für Wildnis definiert. So müssen diese Gebiete eine Mindestgröße von 10.000 km², eine geringe Bevölkerungsdichte (<5 Personen/km²) und ein intaktes Ökosystem aufweisen. Bei der Definition des Wildnis-Begriffs kommt erschwerend hinzu, dass dieser häufig verwendet wird, um vielfältige persönliche Empfindungen von „Landschaften" zu umschreiben: von urbanen Parks bis hin zu weitläufigen, sehr naturnahen Arealen (IUCN 2016: 2). Das Bundesamt für Naturschutz definiert Wildnis-Gebiete als „[...] i.S. der NBS [Nationale Biodiversitäts-Strategie] [...] ausreichend große, (weitgehend) unzerschnittene, nutzungsfreie Gebiete, die dazu dienen, einen vom Menschen unbeeinflussten Ablauf natürlicher Prozesse dauerhaft zu gewährleisten" (BfN 2017: o.S.). Europarc Deutschland beispielsweise hält für mitteleuropäische Wildnis-Gebiete eine Mindestfläche von 1.000 ha für ausreichend, was Kritiker als vollkommen unzulänglich erachten (Job 2011; Job/Woltering/Warner et al. 2016).

Die International Union for Conservation of Nature (IUCN) nimmt den Begriff der Wildnis erstmals 1994 in ihre Richtlinien auf. Konkret sind hier zwei Kategorien anzuführen: „Strict nature reserve" (Ia) und „Wilderness area" (Ib). Letztere werden definiert als „Usually large unmodified or slightly modified areas, retaining their natural character and influence, without permanent or significant human habitation, protected and managed to preserve their natural condition" (IUCN 2016: ii). Diese Areale umfassen in der Regel größere Gebiete, aber auch kleinere, in denen die Qualität der Wildnis noch gesteigert und die Grenzen ausgedehnt werden können (IUCN 2016: 2). Soweit ist festzustellen, dass Festlegungen zu Wildnis meist auf der nationalen Ebene angelegt sind. Daher sind keine einheitlichen Standards zu erkennen (IUCN 2016: 5). Streng genommen kann innerhalb des lange und dicht besiedelten, stark anthropogen überformten Europas nur von „Wild Areas" nach der Definition der europäischen Wild Europe Initiative (WEI) gesprochen werden, deren Ausweisung als Wildnisentwicklungsgebiete gedacht ist (Job/Woltering/Warner et al. 2016: 486 f.). Die Wild Europe Initiative definiert Wildnis als „an area governed by natural processes. It is composed of native habitats and species, and large enough for the effective ecological functioning of natural processes. It is unmodified or only slightly modified and without intrusive or extractive human activity, settlements, infrastructure or visual disturbance" (BfN 2017: o.S.). Wesentlich sind konkrete Standards für die Anerkennung beispielsweise von Wäldern mit natürlicher Entwicklung als Wildnisentwicklungsgebiete (Job/Woltering/Warner et al. 2016: 486 f.).

Die Methode der „effektiven Maschenweite" m_{eff} stellt einen anderen Ansatz dar, der sich vor allem mit Landschaftszerschneidung auseinandersetzt. Diese Methode wurde von Jochen Jaeger entwickelt. Hierbei wird die Wahrscheinlichkeit errechnet, dass zwei beliebig in einem Raum liegende Punkte nicht durch eine Infrastruktur (z.B. Straße, Siedlung) getrennt sind bzw. nach der Zerschneidung des Raumes noch in demselben Teilgebiet lokalisiert werden können. Somit bezeichnet Landschaftszerschneidung ein Zerreißen von gewachsenen ökologischen Zusammenhängen zwischen räumlich getrennten Bereichen der Landschaft (Jaeger/Esswein/Schwarz-von Raumer et al. 2001: 306). Je zerschnittener die Landschaft ist, desto höher ist die Wahrscheinlichkeit, dass zwei Punkte getrennt werden (Zerschneidung) und desto kleiner ist infolgedessen die Maschenweite. Damit gibt die Maschenweite auch die Wahrscheinlichkeit an, ob zwei Tiere, die im selben Habitat existieren, nach einer Zerschneidung durch eine Infrastruktur sich wieder begegnen und somit fortpflanzen können – m_{eff} ist also ein Indikator für den Bereich Biodiversität. Jaeger/Esswein/Schwarz-von Raumer (2006) schreiben dem Indikator ebenfalls eine Aussagekraft bezüglich der Erholungsfunktion zu. Diese Analysemethode ist gut geeignet für Untersuchungsräume unterschiedlicher Flächengröße und Infrastrukturen. Alternativ kann der Grad der Landschaftszerschneidung auch mit der Maschendichte dargestellt werden, also der effektiven Zahl der Maschen pro 100 km² (Jaeger/Esswein/Schwarz-von Raumer 2006: 1 f.; EEA 2011: 20 ff.; LUBW 2016: o. S.).

Unter dem Begriff „remote areas" werden „alle zusammenhängende[n] Teile von Tälern [...], die größer als 3 km² [300 Hektar] sind und nur mit Muskelkraft erreicht und durchquert werden können und somit nicht durch fahrbare Strassen [sic] oder Passagier-Seilbahnen erschlossen sind" (Boller 2007: 48) verstanden. Oftmals betrifft dies Seitentäler, die von der Verzweigung des Einzugsgebietes eines Flusses abgehen und von keiner Verkehrsinfrastruktur zerschnitten sind. Besonders wichtig wäre es, hier zukünftig den Aspekt von E-Mountainbikes bei den Indikatoren zu berücksichtigen. Diese neue Technologie ermöglicht im Vergleich zu herkömmlichen Mountainbikes wesentlich höhere Reichweiten innerhalb der gleichen Zeitspanne und erlaubt somit ein tieferes Vordringen in kaum oder wenig erschlossene Gebiete – auch für weniger konditionsstarke Nutzer. Dies könnte in solchen Gebieten künftig die Besucherfrequentierung erheblich steigern. Bei diesem in der Schweiz an der Eidgenössischen Forschungsanstalt für Wald, Schnee und Landschaft (WSL) entwickelten Ansatz der „remote areas" werden 15 Indikatoren verwendet (z. B. Reisezeit von der Stadt bis zum Ausgangspunkt der Wanderung, Anzahl Hütten und Schutzhütten, besonders störende Objekte), um die zeitliche, visuelle und wirtschaftlich-gesellschaftliche Dimensionen von abgeschiedenen Räumen abzubilden. Durch die Vergabe von Punkten (1–5 Punkte) kann der Grad der „Remoteness" eines Raumes analysiert und bewertet werden (Boller 2007: 49 f.; Boller/Hunziker/Krebs 2008: 2 f.). Wie von den Autoren selbst erkannt, verfolgt die Studie paradoxerweise das Hauptziel, sich der Frage zu nähern, wie der Wandertourismus in abgelegenen Gebieten gefördert werden kann, weil eben gerade *das* Qualitätsmerkmal abgeschiedener Gebiete das Fehlen großer touristischer Infrastruktur und Nachfrage ist. Das Untersuchungsgebiet stellten hierbei zwei Täler in der Südschweiz dar. Neben einer GIS-Analyse wurden 230 quantitative Interviews mit Wanderern geführt (Boller/Hunziker/Krebs 2008: 1 ff.).

Der Ansatz der ökologischen Konnektivität baut auf der Idee landschaftsökologischer Trittstein-Biotope auf. Ökologische Netzwerke versuchen, Habitate mit menschlicher Landnutzung zu vereinen und die Verbindung zwischen naturnahen (Kultur-) Landschaften, z. B. bestehenden Schutzgebieten, zu verbessern (Scheurer 2016: 85).[8] Ein Paradebeispiel dafür ist gewiss die Natura 2000-Richtlinie der EU (vgl. Ssymank/Hauke/Rückriem et al. 1998). Die grundlegende Idee ist, dass ökologische Vernetzung einerseits zu Freiräumen für menschliche Aktivitäten (im Sinne der Zugänglichkeit für die Erholungsvorsorge) führt und andererseits Mobilität und Austausch für Flora und Fauna

[8] Damit ist ein zusammenhängendes Netz von Schutzgebieten innerhalb der Europäischen Union gemeint, das seit 1992 nach und nach entsprechend den Vorgaben der Fauna-Flora-Habitat-Richtlinie implementiert wird. Das damit verfolgte Ziel ist der länderübergreifende dauerhafte Schutz gefährdeter wildlebender heimischer Pflanzen- und Tierarten und ihrer Habitate.

zwischen einzelnen Lebensräumen ermöglicht (und somit über Megapopulationen langfristig den Genpool sichert), wobei die Bedürfnisse des Luchses und des Erholung suchenden Menschen freilich nicht identisch sind (Scheurer 2016: 85). Der Naturschutz und die räumliche Planung spielen dabei die wichtigste Rolle in der Verwirklichung von ökologischen Netzwerken (Kohler 2016: 127).

Die ökologische Konnektivität wird in eine strukturelle und eine funktionale Dimension untergliedert. Während sich die strukturelle Konnektivität vor allem mit der Form, Größe und Verortung von Artefakten in der Landschaft beschäftigt, hat die funktionale Konnektivität das gesamte Gebiet im Fokus, innerhalb dessen eine Spezies oder Population sich von einem zum anderen Habitat bewegen kann. Verschiedene Studien haben gezeigt, dass 30–40 % des Gesamtareals für die Erhaltung der Biodiversität nötig sind, für die Alpen werden 40 % als nötig angesehen (Scheurer 2016: 85). Da bereits existierende Schutzgebiete und Naturreservate etwa 25 % des Alpenkonventionsgebiets abdecken, werden demnach weitere 10–15 % Fläche benötigt (Bender/Roth/Job 2017; Scheurer 2016: 85).

Aus Artikel 12 des Protokolls „Naturschutz und Landschaftspflege" der Alpenkonvention lässt sich auch das Handeln im Sinne der ökologischen Konnektivität und deren Umsetzung ableiten (Hedden-Dunkhorst/Guth 2016: 79). Auf der 9. Alpenkonferenz im Jahr 2006 wurde zudem die Einrichtung der „Plattform ökologische Netzwerke" beschlossen. Diese hat zum Ziel, einen alpenweiten, administrative Grenzen übergreifenden Verbund an Schutzgebieten mit Verbindungselementen voranzutreiben.[9] Diese Plattform bringt Mitglieder der Alpenkonvention und andere Akteure wie Nichtregierungsorganisationen und Wissenschaftler zusammen (Hedden-Dunkhorst/Guth 2016: 79). Das INTERREG-IV-Projekt der EU „ECONNECT" war ein solcher Zusammenschluss von Verbänden, Dachorganisationen, wissenschaftlichen Institutionen und lokalen Umsetzungspartnern mit dem Ziel, den ökologischen Verbund im Alpenraum zu verbessern. Die wichtigsten Faktoren ökologischer Konnektivität sollten abgebildet werden (Haller 2016: 137). Um den ausgearbeiteten Ansatz zu testen, wurden sieben Pilotregionen ausgewählt. Jede dieser Pilotregionen besteht aus einem Schutzgebiet und dessen Umgebung; die meisten waren grenzüberschreitend (Hedden-Dunkhorst/Guth 2016: 80). Im Rahmen dieses Projektes wurde der „Continuum Suitability Index" (CSI) entwickelt (Affolter/Haller 2011: 11 ff.; Haller 2016: 137 ff.). Dieser soll der strukturellen Konnektivität Rechnung tragen. Der Index wertet positive strukturelle Elemente und negative Barrieren sowie Effekte aus. Damit wird veranschaulicht, wo bereits gute Voraussetzungen für ein ökologisches Netzwerk bestehen und welche Bereiche noch verbessert werden müssen (Haller 2016: 139).

2.2 Definition und Abgrenzung von „Freiraum"

Nachdem die wesentlichen, bereits bestehenden Konzepte und Ansätze dargelegt wurden, wird nun das eigene Verständnis des Begriffs „Freiraum" hergeleitet und beschrieben. Fakt ist, dass „der Begriff ‚Freiraum' in der Fachwelt nicht eindeutig und abschließend definiert" ist (Häpke 2012: 14). Freiraum und Freiraumschutz sind ursprünglich landesplanerische Begriffe, die erstmals im Rahmen der umweltpolitischen Neuorientierung der Raumordnung um 1974 auftauchten (Ritter 2005: 336). Ausschlaggebend hierfür war die Problematik der zunehmenden Freiflächeninanspruchnahme. Der Freiraum stellt

[9] Vgl. http://www.alpconv.org/de/organization/groups/WGEcologicalNetwork/pages/default.aspx?AspxAutoDetectCookieSupport=1 (12.03.2017).

insofern einen Gegenbegriff zum Siedlungsraum dar und löst die bislang gängigen Begriffe „Frei- und Grünfläche" oder „Grünraum" ab (Ritter 2005: 336; Deutscher Rat für Landespflege 2006: 7). Dies ist zunächst eine Negativdefinition. Besser scheint es zu sein, den Begriff positiv zu beschreiben. Der planerische Schutz sollte sich demnach auf spezifische Funktionen natürlicher oder naturnaher Böden richten (Siedentop/Egermann 2009: 1).

Allgemein werden unter Freiräumen alle nicht durch Gebäude bebauten Flächen verstanden (BMVBS/BBR 2006: i; ARE/BWO 2014: 4). Aus landschaftsökologischer Sicht wird als Freiraum der „durch Bebauung und linienartige bebauungsähnliche Infrastruktureinrichtungen nicht betroffene" (Baier/Erdmann/Holz et al. 2006: 11) Teil der Landschaft angesehen. Dabei sind diese Räume nicht gänzlich frei von Nutzung. Es geht also nicht um Wildnis (Schmauck 2015: 16). Auch „Wildnis" in den Alpen ist meistens nicht völlig frei von Nutzungen, insofern finden sich hier durchaus gewisse Überschneidungen mit dem Wildnis-Begriff (vgl. Kapitel 2.1).

Von Interesse sind naturnahe Räume im Sinne von überwiegend (ökologisch) verträglicher Nutzung (z. B. extensive landwirtschaftliche Nutzflächen, Waldgebiete, Moore, Flüsse und Seen, Feldwege, Rad-, Wander- und Reitwege sowie Steige), die auch einem Zusammenwirken natürlicher und/oder anthropogener Faktoren (Kulturlandschaft) unterliegen (können) (Ritter 2005: 336; BMVBS/BBR 2006: i). Diese setzten sich also aus „Wildnis" (vom Menschen nahezu unberührte Natur) und wenig überformten Kulturlandschaften zusammen (BMVBS/BBR 2006: i). Freiflächen innerhalb des Siedlungsgefüges (z. B. Parks und Gärten) sind hier nicht von Bedeutung (vgl. Kapitel 1).

Zusammenfassend ergibt sich die dieser Arbeit zugrunde liegende, normative Definition von Freiräumen wie folgt: Freiräume umfassen von Bebauung jeglicher Art freigehaltene Flächen, die nicht überwiegend erschlossen (punktuelle, linienhafte oder flächenhafte Infrastruktur) und potenziell vegetationsfähig, idealerweise verkehrsfrei bzw. weitestgehend nicht motorisiertem Verkehr vorbehalten und somit „lärmfrei" sind. Strukturfremde (im Sinne von technisierte) Infrastrukturen sind nicht bzw. kaum vorhanden.

Ausnahmen bei der Bebauung stellen nicht störende Infrastrukturen, wie z. B. sakrale Bauten, Gipfelkreuze, Brunnen, Denkmäler und Wege von bis zu 2,5 m Breite (z. B. für forst- und landwirtschaftliche Betriebszufahrten) dar. Bei Letzteren kommt es insbesondere auf die Oberflächengestaltung an: wassergebundene Decken sind durchaus akzeptabel, asphaltierte Straßen sind zu vermeiden. „Nicht überwiegend erschlossen" meint im Idealfall einen naturnahen Freiraum, gänzlich frei von „störender" Infrastruktur, zumindest aber einen geringen Anteil an „störender" Infrastruktur, der einen infrastrukturellen Erschließungsgrad der Raumeinheit von mehr als 20 % nicht übersteigen darf. Die Eigenschaft „lärmfrei" ist näher durch den Grenzwert von 55 dB charakterisiert, der den maximalen Lautstärkepegel für Erholung begrenzt.[10] Bei der Abgrenzung von Freiräumen ist es besonders wichtig, die Zugänglichkeit und Erlebbarkeit dieser Räume zu gewährleisten, da die nicht technisierte Erholung für den Menschen hier im Vordergrund steht. Gleichzeitig wird somit der klassische Naturschutz sowie in Teilen der Prozessnaturschutz gefördert und die Akzeptanz für Freiräume im Allgemeinen gesteigert.

---

[10] Vgl. http://www.bafu.admin.ch/laerm/10312/10995/?lang=de (12.03.2017).

3 Forschungsdesign und Methodik

Ziel dieser Analyse ist es, unerschlossene, naturnahe oder wenig infrastrukturell vorbelastete alpine Landschaftsräume als alpine Freiräume zu identifizieren und langfristig planerisch zu sichern, aber auch gleichzeitig zugänglich und somit erlebbar für Einheimische und Besucher zu erhalten. Diesem Hauptziel lassen sich folgende subalterne Zielsetzungen unterordnen:

- Identifizierung und Inventarisierung von Freiräumen im deutschsprachigen Alpenraum: entweder orientiert an natürlichen Teilräumen (Landschaftskammern) oder an administrativen Grenzen im Untersuchungsgebiet.
- Zusammenfassende Definition und thematische Begriffsklärung in Sachen Freiraumschutz allgemein und von alpinen Freiräumen im Speziellen.
- Beschreibung und Bewertung bestehender supranationaler Vorgaben (Alpenkonvention und EUSALP) sowie etablierter Instrumente zum Erhalt von Freiräumen.
- Synthese und Zusammenführung der angeführten Freiraumanalysen entlang mehrerer Indikatoren mit dem Ziel, die Gemeinsamkeiten und Unterschiede zu diskutieren, um darauf aufbauend ein idealtypisches Vorgehen von Freiraum-GIS-Analysen vorzuschlagen.
- Bewertung des planerischen Umgangs mit Freiräumen: Wie wird in den unterschiedlichen administrativen Gebietskörperschaften im Untersuchungsraum (deutschsprachige und Schweizer Alpen) mit dem Thema „Freiräume" verfahren und wie können diese langfristig planerisch gesichert werden?

Diese Zielsetzungen versucht die vorliegende Arbeit basierend auf einem breit gefächerten Methodenmix zu beantworten. Dabei steht eine auf den deutschsprachigen Alpenraum fokussierte Meta-Analyse der bereits in Raumordnung und räumlicher Planung etablierten Verfahren zum Erhalt von Freiräumen (Kapitel 5) sowie der Ansätze zur Identifikation und zum Erhalt von Freiräumen ohne derzeitige planerische Implementierung (Kapitel 6) im Vordergrund. Soweit die Darstellung und Evaluierung der genannten Ansätze nicht auf eigenen empirischen Arbeiten beruht, wurden umfassende Literaturrecherchen als Deskresearch durchgeführt. In Ergänzung wurden verschiedentlich Experten (zumeist per E-Mail oder telefonisch) zu planungsrechtlichen, aber auch tourismushistorischen Sachfragen konsultiert (z. B. um die Zusammenstellung der gescheiterten Erschließungsvorhaben in den Bayerischen Alpen zu ergänzen und zu validieren). Einige der in dieser Arbeit enthaltenen Erkenntnisse beruhen zudem auf teilnehmender Beobachtung und teilweise jahrzehntelanger Erfahrung einiger Autoren in der Raumordnung und räumlichen Planung in den Alpen, wie beispielsweise in Fachbeiräten und Nichtregierungsorganisationen wie der CIPRA. Die spezielle Methodik der einzelnen Freiraumanalysen und die explizite Vorgehensweise bezüglich der GIS-Analysen werden in den jeweiligen Fallstudien (Kapitel 6) beschrieben (GIS-Operationen, technische Parameter, Infrastrukturpuffer etc.) und in Kapitel 6.5 synoptisch gegenübergestellt.

Der Untersuchungsraum der vorliegenden Arbeit ist, wie erwähnt, im deutschsprachigen Alpenraum zu verorten, das heißt die jeweilig anteiligen Flächen am Gebiet der Alpenkonvention in Deutschland (Alpenanteil Bayerns), Österreich (Bundesländer Salzburg, Tirol und Vorarlberg), der Schweiz (ohne Mittelland und Jurabogen) sowie der Autonomen Provinz Bozen – Südtirol (Italien). Insbesondere der zentrale Ostalpenbereich Bayerns, Westösterreichs, Graubündens, Südtirols und des Trentino gehört zu den touristisch am intensivsten erschlossenen und genutzten Regionen der Alpen (Mayer/Kraus/Job 2011: 34), weshalb die Thematik der Erhaltung bislang unerschlossener oder wenig infrastrukturell vorbelasteter alpiner Landschaftsräume hier von besonderer Relevanz ist. Verglichen mit den romanisch und slawisch geprägten Alpenregionen weisen Kultur, Sprache, Geschichte, (touristische) Raumstrukturen und Vorgaben der räumlichen Planung im deutschsprachigen Alpenraum sehr viel größere Ähnlichkeiten auf (Bätzing 2015a: 60 ff.). Ein wesentlicher Aspekt ist hierbei die germanische Planungstradition, die rechtsgeschichtlich durch das römische Recht und den „Code civil" geprägt wurde und sich durch den föderalistischen Aufbau und die kommunale Planungshoheit auszeichnet (Newman/Thornley 1996: 28 f., 33 f.; Nadin/Stead 2008). Diese prinzipiellen Ähnlichkeiten dürfen aber nicht darüber hinwegtäuschen, dass es teilweise erhebliche raum- und fachplanungsrechtliche Unterschiede innerhalb des Untersuchungsraumes gibt. Farinós Dasí (2007: 48 ff.) klassifiziert beispielsweise die österreichische und deutsche Raumordnung als umfassende, integrative räumliche Planungssysteme („comprehensive planning"), ordnet die deutsche Raumordnung aber auch den regionalwirtschaftlichen Instrumenten zu („regional economic"). Im Hinblick auf die internationale Zusammenarbeit ist festzustellen, dass Raumplanung z. B. in der Alpenkonvention oder in der Europäischen Makroregionalen Strategie für den Alpenraum (EUSALP) kaum und nur indirekt eine Rolle spielt (Stead 2011). Raumplanung ist in allen föderalen Ländern national organisiert und wird dort in der Regel auf subnationaler Ebene verantwortet und strategisch durch Instrumente der Bundesländer oder Kantone getragen (z. B. durch ein Landesentwicklungsprogramm oder einen Kantonalen Richtplan). Hinzu kommt, dass parzellenscharfe Festlegungen und konkrete Bauentscheidungen ohnehin in den Kommunen getroffen werden und der kommunalen Planungshoheit unterliegen. Durch diese institutionelle Fragmentierung wird eine Harmonisierung und Zusammenarbeit der Raumplanung erschwert (vgl. Zäch/Pütz 2014; Pütz/Job 2016).

Die Zielsetzung, ein für den gesamten Alpenraum einheitliches Planungsinstrument für Freiräume zu schaffen und politisch umzusetzen, erscheint zunächst illusionär. Jede verantwortliche Gebietskörperschaft müsste dann entsprechend ihrer planungsrechtlichen Zuständigkeit ein solches regional angepasstes Instrument selbst umsetzen, sofern überhaupt ausreichend politisch-gesellschaftlicher Wille dazu besteht. Proaktiv für ein solches Vorhaben, das alpine Freiräume inhaltlich vergleichbar definiert und abgrenzt sowie eigenverantwortlich raumordnungs- oder fachrechtlich zu implementieren versucht, will die vorliegende Arbeit nichtsdestotrotz einen konzeptionellen und methodischen Überbau präsentieren.

4 Supranationale Vorgaben

Auf transnationaler Maßstabsebene sind als Vorgaben bezüglich der Raumordnung im Alpenraum die Alpenkonvention und die EUSALP zu nennen, die im Folgenden kurz erläutert und vor dem raumplanerischen Hintergrund bewertet werden.

4.1 Alpenkonvention

Die Hinweise auf die alpine Raumordnung in Beschlüssen des Europäischen Parlaments (1988) und in der von der I. Alpenkonferenz der Umweltminister in Berchtesgaden (1989) gefassten 89-Punkte-Resolution aus der Zeit vor der 1991 von den Alpenstaaten und der Europäischen Gemeinschaft in Salzburg unterzeichneten Alpenkonvention sind zahlreich (Haßlacher 2016f: 116). Insbesondere die Punkte 37 und 60 der „Berchtesgadener Resolution" zählen zu den Wurzeln der Sicherung alpiner Freiräume durch Raumordnung und räumliche Planung innerhalb der Alpenkonvention (Internationale Alpenkonferenz der Umweltminister 1989: 9, 16):

„Punkt 37: Konkretisierung der Raumordnungsgrundsätze in überörtlichen und örtlichen fachübergreifenden Programmen und Plänen mit verbindlichen Zielen der Raumordnung wie zum Beispiel

- zur Freihaltung möglichst weiter Gebiete von großtechnischer Erschließung,
- zur Schaffung großräumiger Schutz- und Ruhezonen".

„Punkt 60: Vereinbaren, zur Erreichung dieser Ziele [im Tourismusbereich] zusammenzuarbeiten, insbesondere bei der Ausweisung großflächiger Zonen, in denen jede touristische Erschließung unzulässig ist, beim Verzicht auf weitere Erschließung von Gletschergebieten und besonders empfindlichen Ökosystemen und Landschaftsteilen, sowie bei der Reduzierung von Belastungen durch Wintersportanlagen und belastende Freizeitaktivitäten; dies schließt ein Verbot besonders umweltbelastender Freizeitaktivitäten ein".

Seit dem Jahr 2002 sind die zum Teil mühsam ausgehandelten Durchführungsprotokolle von den Vertragsparteien Deutschland, Liechtenstein, Österreich, Frankreich, Slowenien, Italien zur Gänze und von Monaco und der Europäischen Kommission zum Teil ratifiziert und in Kraft gesetzt. Nur die Schweiz hat die Protokolle zwar unterzeichnet, aber nicht ratifiziert.[11]

Auf der Basis dieser Vorarbeiten können in vier Durchführungsprotokollen Vorgaben für die Raumordnung in den Alpen allgemein und – hier als „Ruhezonen" tituliert – im Speziellen zum Zwecke der Sicherung bisher unerschlossener Freiräume identifiziert werden (vgl. Tab. 1):

- Durchführungsprotokoll im Bereich „Raumplanung und nachhaltige Entwicklung"
- Durchführungsprotokoll im Bereich „Naturschutz und Landschaftspflege"

[11] Vgl. http://www.alpconv.org/de/convention/ratifications/default.html (12.03.2017).

- Durchführungsprotokoll im Bereich „Tourismus“
- Durchführungsprotokoll im Bereich „Energie“

Tab. 1: Ausgewählte Protokolle der Alpenkonvention

Durchführungsprotokolle der Alpenkonvention	**Raumplanung und nachhaltige Entwicklung**	**Naturschutz und Landschaftspflege**	**Tourismus**	**Energie**
Artikel	Art. 9 Abs. 4 lit b	Art. 11 Abs. 3	Art. 10	Art. 2 Abs. 4 und Art. 7 Abs. 3
Text	„Ausweisung von **Ruhezonen** und sonstigen Gebieten, in denen Bauten und Anlagen sowie andere störende Tätigkeiten eingeschränkt oder untersagt sind, in Plänen und/oder Programmen für die Raumplanung und nachhaltige Entwicklung.“	„Sie fördern die Einrichtung von Schon- und **Ruhezonen**, die wildlebenden Tier- und Pflanzenarten Vorrang vor anderen Interessen garantieren [...].“	„Die Vertragsparteien verpflichten sich, gemäß ihren Vorschriften und nach ökologischen Gesichtspunkten **Ruhezonen** auszuweisen, in denen auf touristische Erschließungen verzichtet wird.“	„Sie bewahren die Schutz-gebiete mit ihren Pufferzonen, die Schon- und **Ruhezonen** sowie die unversehrten naturnahen Gebiete und Landschaften [...].“ „Sie verpflichten sich des Weiteren, den Wasserhaushalt in den Trinkwasserschutz- und Naturschutzgebieten mit den Pufferzonen, in den Schon- und **Ruhezonen** sowie in den unversehrten naturnahen Gebieten und Landschaften zu erhalten.“

Obschon die finalen Protokolltexte den kleinsten gemeinsamen Nenner aller Vertragsparteien wiedergeben, finden sich in den Artikeln sowohl Aufträge zum Inhalt von Raumordnungsplänen und -programmen als auch die Verpflichtung zur Einrichtung von Ruhezonen. Diese sind im Durchführungsprotokoll „Raumplanung und nachhaltige Entwicklung“ in Plänen und Programmen der Raumplanung auszuweisen. Die Vertragsparteien werden im Tourismusprotokoll sogar verbindlich dazu aufgefordert, Ruhezonen auszuweisen und verpflichten sich im Protokoll „Naturschutz und Landschaftspflege“, ihre Ausweisung zu fördern. Das Energieprotokoll widmet sich in zwei Absätzen unter anderem der Bewahrung von Ruhezonen (vgl. Neger 2016).

Seit dem Inkrafttreten der Protokollinhalte zeigt sich kaum Interesse der Vertragsparteien, Beobachterorganisationen, des Netzwerks Alpiner Schutzgebiete (ALPARC) sowie der Gebietskörperschaften an einer vertieften Befassung mit dieser Thematik. Gesamtstaatliche Stellen sind aufgrund der Kompetenzlage meistens nicht zuständig. Viele Gebietskörperschaften greifen das Thema aber auch deshalb nicht auf, weil der Druck der Wirtschafts- und Tourismusseite groß und das politische Desinteresse in Zeiten eines eher neoliberalen Zeitgeistes hoch ist. Raumordnung und Naturschutz sind einige der wenigen Kompetenzen, die den Regionen geblieben sind, und die wollen sie sich nicht nehmen lassen.

Nach wie vor ruht zudem der in den Protokollen verankerte Ruhezonen-Begriff in einer nicht ausdiskutierten „Black Box" (Haßlacher 1992). Seit Inkrafttreten der Durchführungsprotokolle und der Einrichtung des Ständigen Sekretariats der Alpenkonvention in Innsbruck mit einer technischen Außenstelle in Bozen wurde das Thema der alpinen Ruhezonen und Sicherung der unerschlossen gebliebenen Freiräume weder in einer Arbeitsgruppe noch in einer Plattform der Alpenkonvention mit dem Ziel einer neuen „alpinen Raumordnungsarchitektur" aufgegriffen (Haßlacher 2017: 98). Deshalb ergeben die diesbezüglich im „Grassauer Appell" von CIPRA Deutschland, Österreich und Südtirol geäußerten Forderungen an die XIV. Alpenkonferenz 2016 in Grassau (Deutschland) nach wie vor Sinn. Sie sind ein Desiderat der raumwissenschaftlichen Politikberatung und ein Defizit in der raumordnungspolitischen Umsetzung in vielen Teilbereichen der Alpen.

Die Alpenkonvention ist ein Korrektiv für die Belastungen des Alpenraumes. Sie ist vor allem ein alpenweit anwendbares Instrument. Aspekte des alpenquerenden Transitverkehrs und beispielsweise des intensiven Wettbewerbs der Regionen mit immer mehr technischen Infrastrukturen und Superlativen im Sommer- und vor allem Wintertourismus sind auf der Ebene der Vertragsparteien und der Regionen multilateral zu diskutieren. Denn wirksame Begrenzungen bei der immer stärker werdenden gegenseitigen Konkurrenz sind auf isolierter Regionsebene auf Dauer nicht erreichbar.

Jede Befassung mit der Alpenkonvention ist wichtig und ein begrüßenswerter Beitrag für die Weiterentwicklung des Alpenraumes in all ihren Facetten. Die Auseinandersetzung mit dem Durchführungsprotokoll im Bereich „Raumplanung und nachhaltige Entwicklung" und vor allem mit ihrer Umsetzung ist bisher zu kurz gekommen. Umsetzungsaktivitäten hochkomplexer transnationaler Abkommen sind keine Selbstläufer. Sie müssen entworfen, konzertiert, diskutiert und schließlich juristisch bearbeitet werden. Dieses Protokoll ist ein politisches Programm und enthält nicht nur einschränkende Verpflichtungen und bindende Vorgaben. Es aber deshalb nahezu zu ignorieren, erscheint angesichts des derzeit nicht allzu hohen Stellenwerts der Raumplanung und aufgrund der fehlenden Lobby ein Versäumnis (Haßlacher 2017: 98). Eine Initiative der Gremien der Alpenkonvention zur Befassung mit dem Raumplanungsprotokoll täte der Alpenkonvention gut. Der kostbare Schatz unerschlossener alpiner Freiräume und ihre raumordnerische Sicherung wären ein dankbares Thema.

4.2 EUSALP

Nachdem sich die Alpenkonvention mit dem Kernraum des Alpenbogens befasst, äußerte ab dem Jahr 2000 die EU-Kommission zunehmend den Wunsch, makroregionale Strategien bzw. transnationale Kooperationen nicht nur auf das eigentliche Kerngebiet der Alpen (Anwendungsbereich der Alpenkonvention) zu begrenzen, sondern auch andere Großregionen in Europa zur grenzüberschreitenden Zusammenarbeit zu bewegen. Die Idee eines transnationalen Zusammenschlusses unterschiedlicher Regionen in Europa stieß durchweg auf großes Interesse und führte zumindest in der Planung zu insgesamt 18 möglichen Makroregionen. Von 2009 bis 2017 wurden vier Makroregionen verwirklicht.

Geht es nach dem Willen der Europäischen Kommission, hat eine makroregionale Strategie die Funktion, spezifische Lösungen für Problemsituationen sowie Herausforderungen in peripheren und auch in städtischen Zentren zu entwickeln. Sie definiert demnach eine Makroregion als ein Gebiet, „das mehrere Verwaltungsregionen umfasst, aber genügend gemeinsame Themen aufweist, um ein einheitliches strategisches Konzept zu rechtfertigen" (Europäische Kommission 2009: 1). Vereinfacht ausgedrückt steht hinter einer makroregionalen Strategie die Idee, eine bessere Zusammenarbeit und Koordination zu fördern, um grenzüberschreitende Herausforderungen in bestimmten Gebieten effizienter und effektiver anzugehen, als es durch eine einzelne Maßnahme möglich wäre (Ständiges Sekretariat der Alpenkonvention 2013: 4).

4.2.1 Das Ungleichgewicht zwischen Alpenkonvention und EUSALP

Nachdem am 18. Oktober 2013 in Grenoble eine politische Erklärung aller Alpenstaaten und Alpenregionen für eine makroregionale Strategie für den Alpenraum verabschiedet wurde (Grenoble Resolution 2013), beauftragte der Europäische Rat die Europäische Kommission, eine EU-Alpenraumstrategie mit dem Ziel zu entwickeln, die Zusammenarbeit und Vernetzung zwischen dem Alpenkerngebiet und dem Alpenvorland mit seinen wirtschaftsstarken Metropolen zu verbessern und langfristig zu stärken.

Am 19. Dezember 2013 wurde schließlich das äußerst ambitionierte Vorhaben einer Makroregion Alpen (EUSALP) auf den Weg gebracht. Von Beginn an war klar, dass diese Strategie nicht von heute auf morgen konzipiert und umgesetzt werden kann, denn zu unterschiedlich sind die Interessen zwischen den einzelnen beteiligten (Alpen-) Staaten, den teilnehmenden Regionen und den bevölkerungsreichen und wirtschaftsstarken Metropolregionen im Alpenvorland. Das spiegelte sich auch im unausgewogenen Verhältnis der Flächen von 190.000 km^2 für den Alpenkernraum (Abgrenzung nach der Alpenkonvention) und den 490.000 km^2 für die gesamte Makroregion Alpen wider. Noch dramatischer zeigt sich der Unterschied bei der Einwohnerzahl, wonach im Alpenkernraum fast 14 Millionen Menschen leben, diesen jedoch knapp 80 Millionen Menschen durch eine weitgefasste geographische Abgrenzung der Alpenraumstrategie bis nach Baden-Württemberg im Norden und der Lombardei im Süden und damit weit über den Alpenbogen hinaus gegenüberstehen. Die Gefahr, dass mittel- bzw. langfristig der Alpenkernraum mit seinen spezifischen Interessen, Herausforderungen und seiner Kleinstrukturiertheit nur mehr als Ergänzungsraum für die wirtschafts- und wachstumsorientierte EUSALP dient, ist nicht von der Hand zu weisen (Bätzing 2014: 26; Bätzing 2015a: 368 ff.).

4.2.2 Die inhaltlichen Ziele der EUSALP

Das grundsätzliche Ziel einer makroregionalen Strategie für den Alpenraum besteht darin, eine nachhaltige Entwicklung des sensiblen Lebens-, Wirtschafts-, Natur- und Erholungsraums Alpen bei gleichzeitiger Berücksichtigung der ökologischen, ökonomischen und demographischen Grenzen der Belastbarkeit des Alpenraumes sicherzustellen und auf Innovation und eine nachhaltige Wirtschaftsentwicklung, im Sinne des Vorsorgeprinzips, zu bauen (Essl/Beringer/Schabhüttl et al. 2014: 8). Für die EUSALP soll der Wohlstand der Alpenregion durch Wachstum und Schaffung von Arbeitsplätzen gefördert werden, indem sie ihre Attraktivität, Wettbewerbsfähigkeit und Konnektivität, unter der Voraussetzung einer intakten Umwelt sowie gesunden und ausgewogenen Ökosystemen, verbessert. Dazu wurden drei thematische Ziele definiert (Europäische Kommission 2016: 45):

- Fairer Zugang zu Beschäftigungsmöglichkeiten durch die Verbesserung der regionalen Wettbewerbsfähigkeit einer Region
- Nachhaltige interne und externe Zugänglichkeit

- Ein umfassender Umweltrahmen und erneuerbare und zuverlässige Energielösungen für die Zukunft

Diese Ziele geben eine gewisse Richtung vor, doch lassen sie inhaltlich sehr viel Interpretationsspielraum zu. Das ist auch nicht verwunderlich, muss doch die EUSALP neben dem Alpenkernraum auch die bevölkerungsreichen und wirtschaftsstarken Metropolregionen außerhalb des Alpenbogens miteinbeziehen. Dieser Spagat lässt jedoch befürchten, dass damit die Inhalte und Vorgaben der Durchführungsprotokolle der Alpenkonvention, die im Gegensatz zur EUSALP nicht nur rechtlich bindend, sondern auch einen thematisch klaren Orientierungsrahmen für einen umfassenden Alpenschutz und eine nachhaltige Alpenentwicklung vorgeben, sukzessive verwässert werden und in weiterer Folge durch die häufig fehlende politische Rückendeckung in den Staaten, Regionen, Kantonen und Gemeinden nur mehr eine vernachlässigbare Rolle einnehmen könnten. Diese Befürchtung wird nun auch durch die bestehende Governance-Struktur weiter bestärkt.

4.2.3 Spielen raumordnerische Aspekte eine Rolle in der EUSALP?

Die fachliche und inhaltliche Umsetzung der EUSALP findet in neun Action Groups statt (vgl. Tab. 2). Mit unterschiedlichen Fachthemen soll der gesamte makroregionale Raum abgedeckt werden (Europäische Kommission 2015: 5 ff.). Betrachtet man die fachlichen Inhalte der einzelnen Action Groups eingehend, so fällt auf, dass die Philosophie der EUSALP wenig mit dem Schutzgedanken gemein hat, sondern vielmehr das Prinzip des (nachhaltigen) Wachstums verfolgt. Neben dem aber für den Alpenraum unerlässlichen Schutzgedanken fehlt in allen neun Action Groups auch eine umfassende Raumordnung, der alpine Freiraumschutz oder die dauerhafte Sicherung noch unerschlossener Landschaftsräume und -kammern. Diese Planungsinstrumente sind aber gerade für den Alpenkernraum unverzichtbar, spielen sich doch die unterschiedlichen (Nutzungs-) Interessen (z. B. Natur- und Umweltschutz, Tourismus, (Berg-)Landwirtschaft, Verkehrs- und Siedlungsinfrastruktur, Gewerbe und Industrie) zumeist auf sehr engem Raum ab. Auch die Abwanderung aus vielen Alpentälern und entlegenen Regionen in die Ballungszentren hängt unmittelbar damit zusammen und dürfte in den kommenden Jahrzehnten zu den größten Herausforderungen im Alpenraum zählen (Essl 2013: 3). Nutzungskonflikte beschränken sich aber nicht nur auf die Tallagen, sondern finden auch sehr häufig in den Gebirgsräumen statt. Insbesondere die alpine Raumordnung müsste für die fortschreitende touristische Erschließung noch unerschlossener Geländekammern und Landschaftsräume ein aktiver Bestandteil im EUSALP-Prozess sein und könnte damit eine neue Diskussion um ein alpenweites Raumordnungskonzept auslösen (Essl 2014: 4). Aktuell sind keine für den Alpenkernraum wesentlichen raumordnerischen Aspekte in den Action Groups enthalten. Es bestünde noch am ehesten die Möglichkeit, diese in der Action Group 6 und/oder Action Group 7 zu implizieren und in weiterer Folge zu thematisieren, um damit einen Mehrwert zu erreichen.

Tab. 2: Thematische Inhalte der Action Groups 6 und 7

Action Group 6	Action Group 7
Die Umwelt des Alpenraums reagiert extrem sensibel auf die Folgen des Klimawandels. Die Ressourcen müssen angemessen genutzt werden. Diese Aktion hat vor allem zwei Ziele: ▪ Stärkung der Natur- und Kulturressourcen des Alpenraums als Vorteil für einen qualitativ hochwertigen Lebensraum und ▪ Gewährleistung eines effizienteren Einsatzes der bestehenden Natur- und Kulturressourcen.	Die Integrität und das Funktionieren der Ökosysteme, wie der Erhalt der biologischen Vielfalt und die Bereitstellung von Ökosystemleistungen, hängen zum großen Teil davon ab, ob eine wirksame ökologische Anbindung existiert. Derzeit werden ökologische Korridore und grüne Infrastrukturen nur wenig gefördert, auch in nicht geschützten Gebieten (Europäische Kommission 2015: 7).

5 Etablierte Instrumente zum Erhalt von Freiräumen

Dieses Kapitel stellt zwei bereits in der Raumordnung der Alpenstaaten etablierte Instrumente zum Erhalt von Freiräumen vor, wobei insbesondere Kapitel 5.1 über den bayerischen Alpenplan und Kapitel 5.2 über die Tiroler Ruhegebiete aufgrund der Fülle vorliegender Publikationen relativ knapp gehalten werden. Selbstverständlich gibt es mehr als die im Folgenden erwähnten tradierten Ansätze zum Erhalt von Freiräumen, wie z.B. Schutzgebiete, die aber an dieser Stelle zu weit führen würden, zumal sie (in erster Linie) keine raumordnerischen, sondern Fachplanungsinstrumente des Naturschutzes sind.

5.1 Alpenplan in Bayern (Deutschland)

Der Alpenplan[12] ist ein zentrales Element des bayerischen Landesentwicklungsprogramms (LEP) und regelt seit 1972 die (verkehrs-)infrastrukturelle Erschließung der Bayerischen Alpen in Bezug auf Straßen, Seilbahnen, Skilifte, Skipisten, Flughäfen etc., indem die Projekte aus einer landesplanerischen Perspektive vorab evaluiert werden. Ziel ist es, eine Übernutzung von Natur und Landschaft sowie das Risiko von Naturgefahren zu verhindern (Hensel 1987: 270; Goppel 2003: 123).

Die Idee und Durchsetzung des Alpenplans[13] basieren auf einer geglückten Kombination aus Einzelinitiativen, Lobbyarbeit von Naturschutz- und Bergsportverbänden und politischer Opportunität Anfang der 1970er Jahre. In den 1950er und vor allem den 1960er Jahren waren die Bayerischen Alpen von einem ungeahnten Erschließungsboom mit Bergbahnen und Skiliften, dem „Ski-Boom", geprägt, den Umweltschützer und Interessensvertreter von Wanderern und Kletterern wie der Deutsche Alpenverein seit Mitte der 1960er Jahre als unkontrollierte Entwicklung heftig kritisierten. Aus ihrer Sicht schien es, als sei beinahe jeder bedeutende Berg in den Bayerischen Alpen durch sein eigenes Erschließungsprojekt gefährdet, als würden die Interessen der landschaftsbezogenen (Nah-)Erholung vollständig von Skigebietsentwicklern überrannt und es wurde befürchtet, dass sogar die exponiertesten und ökologisch sensibelsten Teile des Gebirges erschlossen werden sollten[14] (vgl. Karl 1968). In der zweiten Hälfte der 1960er Jahre schließlich entwickelte Dr. Helmut Karl (1927–2009) von der Bayerischen Landesstelle für Naturschutz einen Zonierungsplan für die Bayerischen Alpen, basierend auf eigenen kartographischen Feldarbeiten und Luftbildern, indem er drei Zonen gemäß ihrer ökologischen Bedeutung bzw. dem Grad der bereits existenten Erschließung unterschied. Berücksichtigend, dass die Bayerischen Alpen nicht durch Einzelfallentscheidungen von

---

[12] Der Begriff „Alpenplan" als solcher ist an sich nicht zutreffend und ist irreführend, da das „Teilprogramm ‚Erholungsraum Alpen' des Landesentwicklungsprogramms" bzw. „Teilabschnitt Erholungslandschaft Alpen des Bayerischen Landesentwicklungsprogramms"– so die offiziellen Titel – keinen umfassenden Entwicklungsplan der Bayerischen Alpen darstellt, sondern lediglich die Verkehrsinfrastrukturentwicklung reguliert (mündliche Mitteilung Prof. Dr. Karl Ruppert 2012). Im allgemeinen Sprachgebrauch hat sich jedoch der Ausdruck „Alpenplan" eingebürgert, weshalb er in diesem Aufsatz entsprechend verwendet wird.

[13] Ausführlich zu Entstehung und Hintergrund des Alpenplans vgl. Speer (2008), Goppel (2012) und Job/Fröhlich/Geiger et al. (2013).

[14] Ein Argument der damaligen Debatte war beispielsweise das Postulat, dass damals die Bayerischen Alpen doppelt so intensiv mit Aufstiegshilfen erschlossen waren wie die Schweizer und Österreichischen Alpen: „heute [...] insgesamt 58 Bergbahnen [...]. In der Schweiz fallen auf den gleichen Flächenanteil Gebirge wie denjenigen der Bundesrepublik (4.300 km²) 43 Bergbahnen, in Österreich nur 21. Bayern besitzt somit vergleichsweise beinahe genausoviel [sic!] Bergbahnen wie die Schweiz und Österreich zusammen!" (Karl 1968: 148).

großmaßstäbiger (touristischer) Infrastruktur freizuhalten seien, veröffentlichte Karl sein raumplanerisches Konzept für die gesamten Bayerischen Alpen erstmals 1968 (Karl 1968; vgl. Karl 1969; Speer 2008: 284). Den Anstoß, an die Öffentlichkeit zu gehen, hatte ein weiteres, spektakuläres Erschließungsprojekt geliefert: 1967 wurde der Plan bekannt, eine Seilbahn auf dem Watzmann (2.714 m) zu errichten, dem dritthöchsten Berg Deutschlands bei Berchtesgaden, mit dem Ziel, ein neues Skigebiet zu erschließen, obwohl der Watzmann Teil eines seit 1921 bestehenden Naturschutzgebietes ist (vgl. Berger 1968).

Der Alpenplan wurde aus folgenden Gründen Teil der politischen Agenda der Bayerischen Staatsregierung: Die 1960er und frühen 1970er Jahre waren nicht nur durch einen starken Trend technologischer Machbarkeit und Erschließung geprägt, sondern waren auch der Höhepunkt technokratischer Planungseuphorie. Nur vor diesem Hintergrund war der umfassende und großmaßstäbige Ansatz des Alpenplans überhaupt denkbar. In dieser Ära war Bayern 1970 eines der ersten europäischen Länder, die einem eigenständigen Ministerium (Staatsministerium für Landesentwicklung und Umweltfragen) die Verantwortung für die Koordination von Umweltschutz und Raumplanung überantworteten (vgl. Barker 1982). Sich gut in diese Tendenzen einfügend gelang es Karl und seinen Mitstreitern, den neuen Staatsminister für Landesentwicklung und Umweltfragen, Max Streibl, von der Idee des Alpenplans und des bereits entworfenen Zonierungsplans zu überzeugen. Streibl schien zudem die Chance erkannt zu haben, sogleich das Profil seines neugeschaffenen Ministeriums schärfen zu können (Speer 2008: 285).

Am 1. September 1972 trat der Alpenplan als vorgezogener Teilabschnitt „Erholungslandschaft Alpen" des bayerischen Landesentwicklungsprogramms (LEP) in Kraft – vier Jahre vor dem vollständigen LEP im Juni 1976, dessen integraler Teil der Alpenplan seither geblieben ist (vgl. StMLU 1971; Goppel 2003: 123 f.; StMWIVT 2006a; Speer 2008: 285). Als Teil des LEP (StMFLH 2013: 2.3 und Anhang 3) umfasst der Alpenplan den Grundsatz 2.3.3 sowie die Zonierung des Alpenraums mit den Zielen 2.3.4 bis 2.3.6. Damit entfaltet der Alpenplan die Bindungswirkung der Erfordernisse der Raumplanung gemäß Art. 3 Abs. 1 Bayerisches Landesplanungsgesetz (BayLplG vom 25.06.2012), wonach Ziele der Raumordnung von öffentlichen Stellen bei raumbedeutsamen Planungen und Maßnahmen zu beachten sind. Der Alpenplan ist somit für alle öffentlichen Planungsträger wie Gemeinden und Genehmigungsbehörden verbindlich (zur aktuell gültigen Karte des Alpenplans im LEP von 2013 vgl. StMFLH 2013).

Das Hauptanliegen des Alpenplans ist es, die unterschiedlichen Landnutzungsansprüche in den Alpen (z. B. Lebens- und Arbeitsraum der einheimischen Bevölkerung und Ökosystemleistungen) mit der Erholungsvorsorge und den Anforderungen der Tourismusbranche auszubalancieren und gleichzeitig große Flächen ökologisch wertvollen alpinen Freiraumes zu bewahren. Damit sollen speziell eine nicht „anlagengebundene Erholung" ermöglicht sowie generell eine nachhaltige Raumentwicklung in den Bayerischen Alpen sichergestellt und willkürliche Erschließungen verhindert werden (vgl. StMWIVT 2006a).

Der Alpenplan basiert auf der Idee, dass die Entscheidung über die Zulässigkeit von Verkehrsinfrastrukturerschließungen wegen deren indirekter Effekte auf Siedlungs- und Tourismusentwicklung eine Schlüsselrolle für die allgemeine Raumentwicklung spielt. Ohne leichte Zugänglichkeit (Straßen, Seilbahnen) tendiert der Tourismus in naturnahen Gebieten zu einem sehr niedrigen Intensitätslevel, indem neue Erschließungsprojekte in bereits mehr oder weniger zugängliche Gebiete gelenkt werden. Bis jetzt nicht oder kaum erschlossene Gebiete werden somit von Infrastrukturentwicklung frei gehalten, insbesondere wenn sie von ökologisch hohem Wert sind (Hensel 1987: 270; Goppel 2003: 123). Hierbei schafft der Alpenplan eine flächendeckende Lösung, die nicht von Einzelfallentscheidungen abhängig ist, sondern die Landnutzungsansprüche für den ganzen bayerischen Alpenraum ausgleicht. Diese Intentionen des Alpenplans wurden mithilfe eines zentralen Instruments umgesetzt, der Zonierung der gesamten Bayerischen Alpen (4.393,3 km², ohne Seen, vgl. StMWIVT 2006b) gemäß bereits existierenden Landnutzungen, ökologischer Sensibilität und künftigen Entwicklungsperspektiven. Anhand dieser Kriterien wurden die Bayerischen Alpen durch institutionelle Regulierung in drei Zonen eingeteilt. Jede Zone repräsentiert ein Gebiet für verschiedene Hauptfunktionen und Möglichkeiten für die künftige Entwicklung von Transporteinrichtungen, touristischer Beherbergung und Siedlungserweiterung (Barnick 1980: 4; Barker 1982: 282; Gräf 1982: 268; Grötzbach 1985: 152; Hensel 1987: 270; Goppel 2003: 123; Wessely/Güthler 2004: 52 f.; StMWIVT 2006a; Speer 2008: 283 f., 286):

- Zone A, häufig „Erschließungszone" genannt (1.548,3 km²; 35,24 % der im Alpenplan abgegrenzten Bayerischen Alpen), umfasst alle Siedlungen und die meisten Gebiete mit bereits existierenden, intensiven Landnutzungen, z. B. Talbereiche und Tourismusorte, und wird generell als für weitere infrastrukturelle Erschließung (z. B. durch Skilifte) geeignet angesehen (mit Ausnahme von Flughäfen). Zone A bietet Flächen für Skitourismus und andere massentouristisch ausgerichtete Freizeitaktivitäten. Allerdings ist auch in Zone A für jede individuelle, verkehrsinfrastrukturelle Erschließungsmaßnahme eine Genehmigung notwendig und die Ziele und Grundsätze der Raumordnung im LEP und in den Regionalplänen müssen beachtet bzw. berücksichtigt werden. Ansonsten sind Freizeiteinrichtungen landesplanerisch grundsätzlich unbedenklich, soweit sie nicht Bodenerosionen auslösen und/oder die land- und forstwirtschaftliche Bewirtschaftung gefährden.
- Zone B (976,6 km²; 22,23 %) dient als sogenannte Pufferzone, in der Projekte erst nach eingehender Prüfung zugelassen werden, sofern sie nicht mit strikteren regionalplanerischen Anforderungen konfligieren. Infrastrukturprojekte erfordern eine individuelle Beurteilung ihrer möglichen Umweltauswirkungen und werden meist bewilligt, wenn sie für die Land- und Forstwirtschaft als notwendig erachtet werden.
- Zone C, genannt „Ruhezone" (1.868,4 km²; 42,53 %), ist als geschützte Zone konzipiert, in der alle Verkehrsvorhaben – außer notwendigen landeskulturellen Maßnahmen für die traditionelle Land- und Forstwirtschaft – explizit unzulässig sind und damit implizit nur nicht-intensive, der Landschaft angepasste, naturnahe Freizeitaktivitäten wie Wandern, Radfahren und Skitourengehen zulässig sind. Zone C ist generell nicht geeignet für jegliche infrastrukturelle Erschließung. Die einzigen Ausnahmen sind Maßnahmen für die Bewirtschaftung tradierter Kulturlandschaften wie Forst- und Almfahrwege. Diese Ausnahmen waren damals bei der Implementierung notwendig, um den Widerstand des primären Sektors und der Wasserwirtschaftsämter (hauptsächlich wegen des Hochwasserschutzes, des Entfernens von Verklausungen und somit der Regulierung von Fließgewässern) gegen den Alpenplan zu überwinden. Zone C bedeckt mehrheitlich höhere Gebirgsbereiche, Schutzgebiete und fast alle südlichen Grenzkämme zu Österreich sowie die Gegenden mit hohen Erosions- und Lawinenrisiken.

Mit der Zone C erfüllt der Alpenplan seit 1972 – lange vorausschauend – auch die seit dem 6. März 1995 in Deutschland in Kraft getretene Rahmenkonvention der Alpenkonvention (Art. 2 i) und die seit dem 18. Dezember 2002 in Deutschland in Kraft getretenen Durchführungsprotokolle der Alpenkonvention „Raumplanung und Nachhaltige Entwicklung" (Art. 9 (4) b), „Naturschutz und Landschaftspflege" (Art. 11 (3)), „Tourismus" (Art. 10) und „Energie" (Art. 2 (4)) im Hinblick auf die verpflichtende Festlegung von Ruhezonen im Anwendungsbereich der Alpenkonvention).[15]

Seit der Erstfassung des Landesentwicklungsprogramms (1976) ist der Alpenplan das raumordnerische Instrument mit der größten Kontinuität. Auch bei der 2013 erfolgten Novellierung blieb er unangetastet. Dies erstaunt einerseits, da das Landesentwicklungsprogramm ansonsten mittlerweile eher neoliberale Züge trägt, andererseits, weil der Alpenplan ein raumplanerisches Ziel verkörpert, das dem strikten Vorrangprinzip gehorcht und damit keinerlei Ermessensspielräume zur Abweichung von den parzellenscharfen räumlichen Vorgaben bestehen (vgl. Job/Fröhlich/Geiger et al. 2013).

Abb. 1: Entwicklung der Übernachtungszahlen in den Bayerischen Alpen zwischen 1949 und 2015

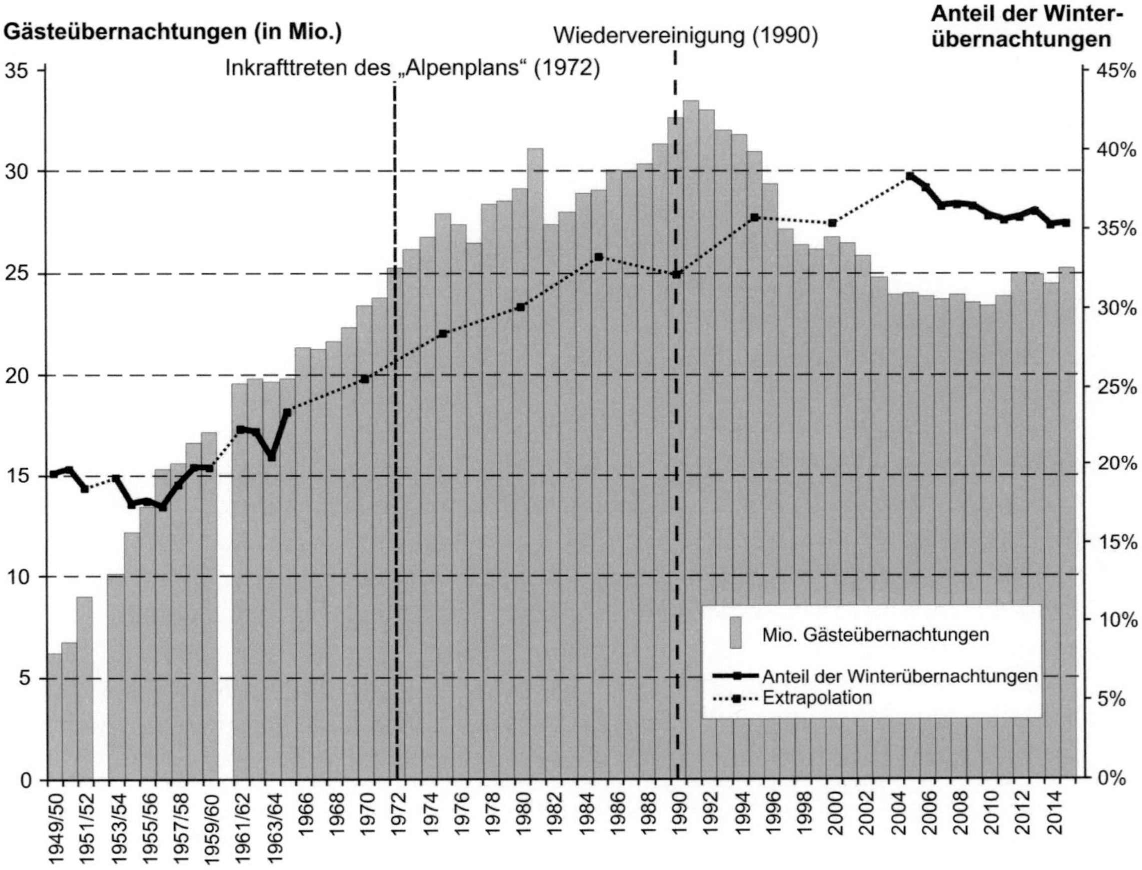

Quelle: Mayer/Strubelt/Kraus et al. (2016: 190), die Gesamtsumme 1981 bis 1992 beruht auf Extrapolationen, basierend auf den Übernachtungen in gewerblichen Beherbergungsbetrieben (mehr als acht Betten).

In den letzten Jahren wurde durch umfassende wissenschaftliche Evaluationen (Job/Fröhlich/Geiger et al. 2013; Job/Mayer/Kraus 2014; Mayer/Strubelt/Kraus et al. 2016) die Wirksamkeit des Alpenplans zur Bewahrung der Bayerischen Alpen vor einer Übererschließung bestätigt, die gleichzeitig aber nicht die Tourismusentwicklung negativ beeinflusst hat (vgl. Abb. 1), sondern durch die Stärkung des Schutzgebietssystems die Möglichkeiten für naturnahe Freizeit- und Erholungsaktivitäten langfristig gesichert hat.

15 Vgl. http://www.alpconv.org/de/convention/ratifications/default.html (12.03.2017); http://www.alpconv.org/de/convention/protocols/default.html (12.03.2017).

Das immer stärker individualisierte Freizeitsportverhalten in den Bayerischen Alpen (z. B. Skitourengehen, Schneeschuhwandern, E-Mountainbikefahren) lässt sich jedoch durch raumordnerische Ansätze wie den Alpenplan nicht steuern.

Die immense, Raumnutzungskonflikte vermeidende Steuerungswirkung der Zone C als raumplanerische Norm für eine Nichterschließung ist in Abbildung 2 klar ersichtlich. Abb. 2 und Tab. 3 bieten erstmals eine Übersicht der nicht realisierten skitouristischen Erschließungsprojekte in den Bayerischen Alpen, welche die Freiraumschutzfunktion des Alpenplans unterstreicht.

19 intendierte und bis heute nicht zustande gekommene Projekte konnten identifiziert werden, von denen lediglich drei derzeit noch aktuell sind, sprich aktiv von Befürwortern vorangetrieben werden (am prominentesten das in Kapitel 1 erwähnte Riedberger Horn). Der Vergleich mit derzeit 46 in Betrieb befindlichen Skigebieten in den Bayerischen Alpen (Mayer/Steiger 2013: 179, aktualisiert) veranschaulicht die quantitative Dimension an Erschließungsmaßnahmen, bei deren Verhinderung der Alpenplan zumeist eine zentrale Rolle gespielt hat. Ohne den Alpenplan wären die Bayerischen Alpen weitaus intensiver erschlossen als es heute der Fall ist und angesichts der problematischen Rentabilität zahlreicher Bergbahnunternehmen und Skigebiete (11 von insgesamt 57 Skigebieten der Bayerischen Alpen sind inzwischen geschlossen, vgl. Abb. 3; vgl. Mayer/Steiger 2013: 179, aktualisiert) wäre der Konkurrenzdruck um Fahrgäste heute noch stärker und die Wahrscheinlichkeit für die Landschaft belastende Investitionsruinen weitaus größer. 12 dieser Projekte betreffen bislang unerschlossene Berggipfel (Riedberger Horn, Stuiben/Nagelfluhkette, Alpspitze, Hirschberg, Brecherspitze, Stolzenberg, Rotwand, Brünnstein, Geigelstein) oder gar Bergmassive, die bis heute frei von jeglicher mechanischen Aufstiegshilfe geblieben sind (Watzmann, Inzeller Kienberg, Hochgern). Bei sieben Fällen geht es um verhinderte Erweiterungen bzw. Zusammenschlüsse bestehender Skigebiete (Hochgrat, Schappoltkopf, Koblat, Wetterwandeck, Aiplspitze, Predigtstuhl, Dürrnbachhorn). Diese Verhinderung von Erschließungen wäre fachgesetzlich durch das Bayerische Naturschutzgesetz so nicht erreicht worden. Denn von den insgesamt in Abbildung 2 fixierten 19 intendierten Erschließungsfällen seit der Implementierung des Alpenplans 1972 sind nur sechs Gipfel in etwa gleich streng geschützt – als Naturschutzgebiet. Allerdings sind nur zwei Standorte (Inzeller Kienberg, Dürrnbachhorn) davon vor 1972 zu dieser fachgesetzlichen Sicherung gekommen (jeweils seit 1954). Die restlichen zwölf Fälle sind lediglich als viel weniger strenge Landschaftsschutzgebiete ausgewiesen worden oder bislang gar nicht unter Schutz gestellt (Predigtstuhl, Hochgern).

Die geringe Wirkung von Landschaftsschutzgebieten gegenüber Bergbahnerschließungen unterstreicht Abbildung 3. Sie belegt, dass eine Vielzahl der Skigebiete der Bayerischen Alpen in Landschaftsschutzgebieten liegt. Auch das jeweils erst weit nach der touristischen Erschließung eingerichtete Biosphärenreservat Berchtesgaden bzw. der Naturpark Nagelfluhkette weisen in dieser Hinsicht keine Hinderungswirkung auf. Damit betont Abbildung 3 die Steuerungswirkung und die zusätzliche, stringente und im Vergleich zu den meisten Schutzgebietskategorien stärkere Schutzfunktion der Zone C, da sie die Beschränkung der Skigebiete auf die Zonen A und B zeigt. Insbesondere im nordwestlichen Oberallgäu wird zudem eine beachtliche räumliche Konzentration von Skigebieten deutlich, deren nachbarschaftliche Konkurrenzsituation durch den geplanten Zusammenschluss der Gebiete Grasgehren und Riedberger Horn/Balderschwang sicherlich weiter verschärft werden würde.

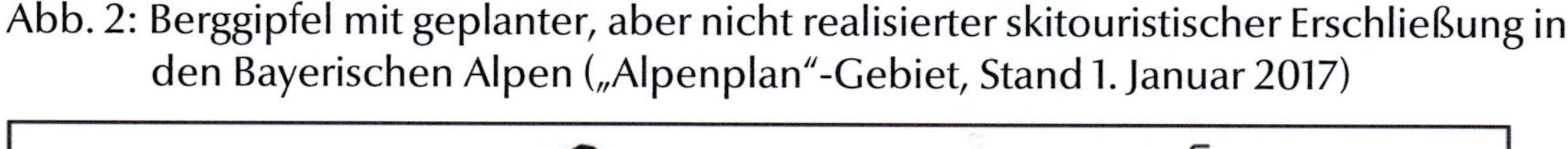

Abb. 2: Berggipfel mit geplanter, aber nicht realisierter skitouristischer Erschließung in den Bayerischen Alpen („Alpenplan"-Gebiet, Stand 1. Januar 2017)

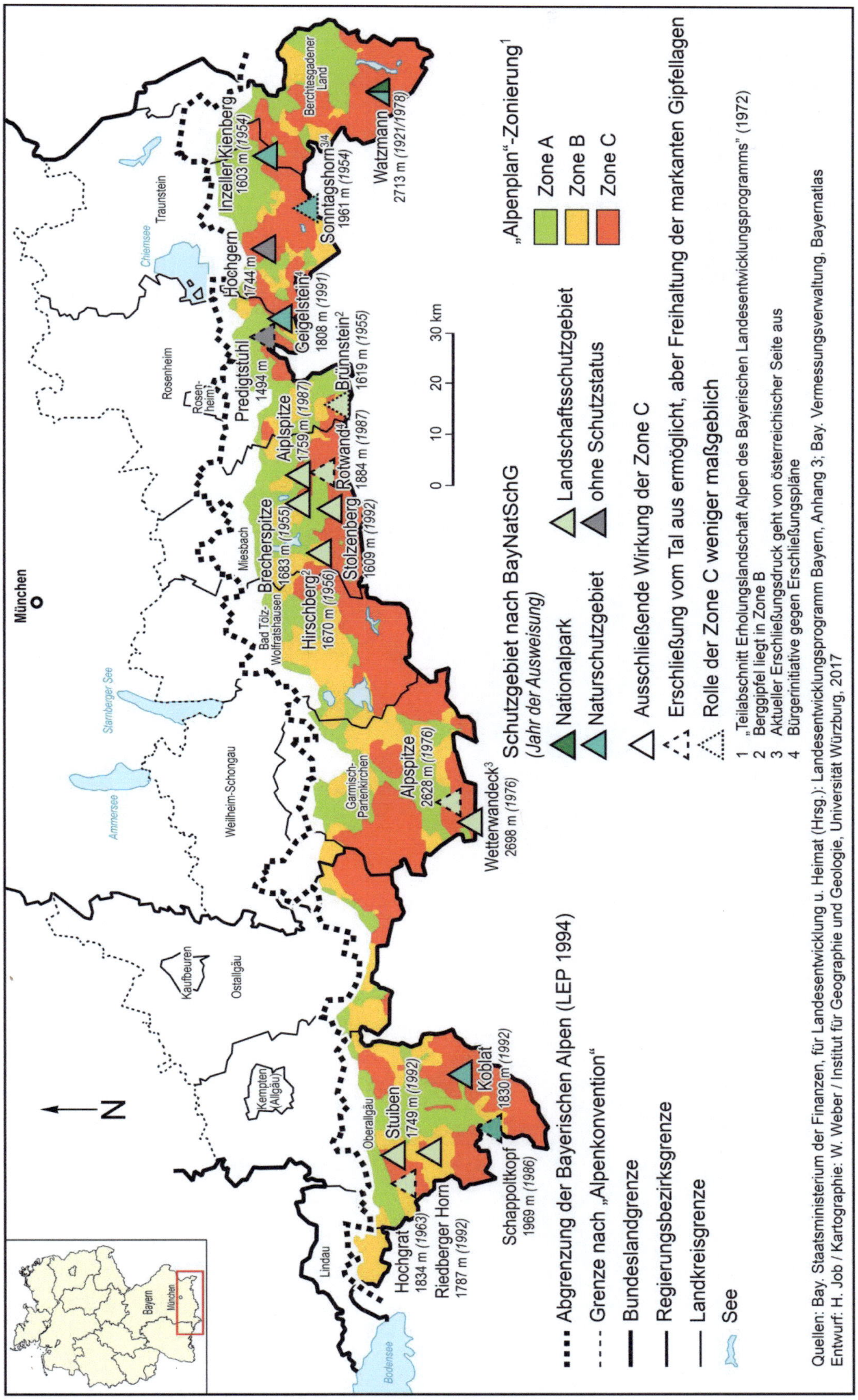

Abb. 3: Schutzgebiete und Skigebiete in den Bayerischen Alpen

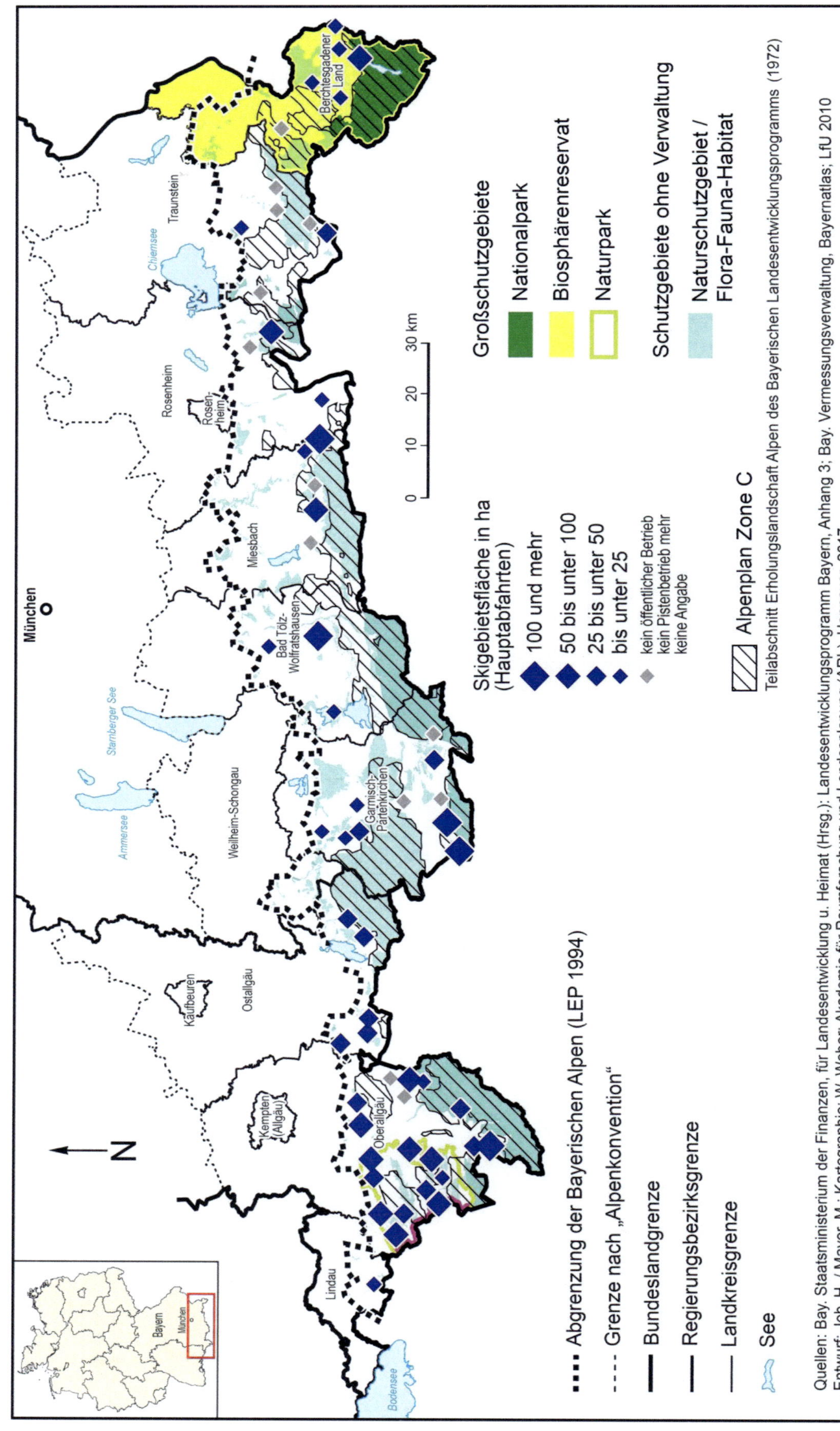

Quellen: Bay. Staatsministerium der Finanzen, für Landesentwicklung u. Heimat (Hrsg.): Landesentwicklungsprogramm Bayern, Anhang 3; Bay. Vermessungsverwaltung, Bayernatlas; LfU 2010
Entwurf: Job, H. / Mayer, M.; Kartographie: W. Weber; Akademie für Raumforschung und Landesplanung (ARL), Hannover, 2017

Tab. 3: Nicht realisierte skitouristische Erschließungsprojekte in den Bayerischen Alpen (von West nach Ost, vgl. Abb. 2)

Name	**Planungsgeschichte und intendierte Erschließung**	**Nicht-zustande-Kommen** (Stand: 01.01.2017)
Hochgrat (bei Oberstaufen)	1959 geplantes Gipfelhotel mit Bau einer Zubringerseilbahn ab Oberstaufen; Erschließung 1973 mit Kabinenseilbahn (4-EUB) bis Bergschulter.	Zone C wurde bewusst am Rande der Bergstation gezogen, da Erschließung ins Landschaftsschutzgebiet Nagelfluhkette verhindert werden sollte.
Riedberger Horn (bei Obermaiselstein) *	Seit 1967 Skigebiet Grasgehen; ähnliche Ausbau-Anträge aus 2008, 2011 und 2014; Intention: Pisten- und Bergbahnverbindung nach Balderschwang.	Zone C; große intakte Birkhuhn-Population (faktisches Vogelschutzgebiet nach EU-Recht); sehr hohe Hanglabilität.
Stuiben (bei Immenstadt)	Von Immenstadt geplante Erschließung; nichts Konkretes bekannt.	Zone C
Schappoltkopf (bei Oberstdorf)	Intendierte Erschließung der Schlappoltalpe (Alpenplan Zone B), nicht näher spezifiziert.	Zone C zwischen Fellhorngipfel, Schlappoltkopf und -see beeinträchtigte Erschließung des Fellhorns nicht.
Koblat (bei Bad Hindelang/ Hinterstein)	Anfang der 1980er Jahre vom Nebelhorn aus geplante Erschließung; 1996: Neubau 4-Seilbahn Koblat am Nebelhorn; erneuter Plan, Skiabfahrt nebst Lift ins Obertal über die Wengenalpe und das Giebelhaus ins Hintersteiner Tal anzulegen.	Alpenplan Zone C; Status Naturschutzgebiet.
Wetterwandeck (bei Garmisch-Partenkirchen) *	Erste Pläne für Talabfahrt vom Zugspitzplatt nach Österreich in den 1980er Jahren, 2009 und zuletzt 2011: 790 m langer Tunnel vom Wetterwandeck zum Skigebiet Ehrwalder Alm; Gondelbahn von dort auf das Wetterwandeck; mehrere neue Pisten intendiert.	Zone C; extrem hohe Investitions- und Betriebskosten.
Alpspitze (bei Garmisch-Partenkirchen)	Ab Herbst 1962 bekannte Pläne zur Erschließung der Alpspitzschulter (2.260 m) durch Großkabinen-Seilbahn, die 1973 nur bis zum Osterfelder Kopf gebaut wurde (Zone B); Erschließung des Grieskars und des Stuibenkopfes geplant.	Zone C, Ersatzerschließungen im Osterfelder-Bereich.
Hirschberg (bei Kreuth)	1965: Pläne für Groß- oder Kleinkabinenbahn vom Kreuther Ortsteil Point auf den Gipfel; 1970 nochmals erwähnt; Lage in Zone B.	Heute: Klein-Skigebiet mit zwei Schleppliften in unteren Hangbereichen.

Stolzenberg (bei Spitzingsee)	1970 konkrete Planungen für Erschließung in Erweiterung des Skigebietes Stümpfling-Sutten am Spitzingsee; Gondelbahn beginnend in der Nähe der Albert-Link-Hütte bis kurz unterhalb des Gipfels.	Eher nicht durch Alpenplan verhindert, da zur Erschließung intendierter Nordhang Zone A.
Brecherspitze (bei Schliersee)	Erschließung des Südwestrückens durch Schlepplift 1967 (Zone B); 1970: Erschließungspläne der Nordflanke: zwei Sektionen Gondelbahn, dazu zwei Schlepplifte, Anschluss an das bestehende Skigebiet.	Zone C; massentouristischer Ausbau wäre sehr aufwendig geworden.
Aiplspitze (bei Bayrischzell)	1966 konkrete Planungen: mehrere Schlepplifte mit zirka zwei Kilometer Länge von Geitau durchs Alpbachtal bis unter die Aiplspitze, nahe den aufgelassenen Gaitauer Almen.	Zone C
Rotwand (bei Schliersee/ Bayrischzell)	1963 geplante Erschließung der Rotwand nicht realisiert; Planungen 1970er/1980er Jahre: Seilbahn und 10 Schlepplifte über die Rotwand, um einen Skigebietszusammenschluss zwischen dem Spitzingsee- und dem Sudelfeld-Skigebiet über die Gemeinde Bayrischzell zu erreichen.	Zone C; Engagement örtlicher Bürgerinitiative (seit 1971 mehrfach intendierte Ausweisung als Naturschutzgebiet kam bis heute nie zustande); ersatzweise Erschließung Taubenstein 1971 durch 4-Einseilumlaufbahn.
Brünnstein (bei Oberaudorf)	1967 konkrete Planungen: Kabinenseilbahn von Buchau zum Westgipfel; im Bereich der Nordhänge des Massivs waren vier Skilifte intendiert; Bergstation mit Untertunnelung zum geplanten Berghotel auf der Gipfelsüdseite; Vision: Verbindung zum Sudelfeld.	Leichtere Erreichbarkeit der nahen Tiroler Skigebiete durch Ausbau Verkehrswege; Gipfel in Zone B.
Predigtstuhl (bei Aschau)	1973 Kabinenseilbahn zum Hochries; gescheiterte Planungen: Berghotel und weitere Sessel- und Schlepplifte über Kesselgebiet Laubenstein, Abergalm auf den Predigtstuhl und Trockenbachtal.	Zone C; fehlende Profitabilität der Bergbahn.
Geigelstein (bei Sachrang)	Ab 1970er bis 1990er Jahre mehrfach Aufstiegshilfen vom inzwischen geschlossenen Skigebiet (Schleching) in Richtung Gipfel diskutiert; Erschließung der Südwestflanke (Zone B) geplant mit Kleinkabinenbahn von Sachrang auf den Geigelstein (grenzt an Zone C), Verbindung nach Schleching; 1978: Bundesgrenzschutz plant am Schachenberg (Zone B) westlich des Geigelsteins ein Hochleistungszentrum für Skisport.	Zone C und Zone B; langjährige Kontroversen um Einrichtung des Naturschutzgebiets Geigelstein, dessen Ausweisung 1991 die Seilbahnpläne verhindert hat (Zone A-/B-Gebiete); seit 1974 Bürgerinitiative.

Hochgern (bei Marquartsein)	Nichts Konkretes bekannt, von Dr. H. Karl in Speer (2008) erwähnt.	Zone C; Entscheidung zur Erschließung des benachbarten Hochfelln (die damals bereits im Bau war).
Dürrnbachhorn (bei Reit im Winkl) *	Erschließung Dürrnbacheck 1952 durch Sessellift; seit 1973 bestehende Ausbauplanungen (u. a. Zahnradbahn auf das Dürrnbachhorn); zuletzt 2013 wieder aufgenommen; Intention Skischaukel mit Unkener Heutal (Österreich).	„Bergwaldbeschluss" der Bayerischen Staatsregierung 1984: Rodungsverbot im Schutzwald, auch im Bereich der Saalforste; Status Naturschutzgebiet; Alpenplan Zone C (Gipfel und Nordhang, Südhang Alpenplan Zone B und österreichisches Staatsgebiet); seit 1992 lokale Aktionsgemeinschaft gegen den Ausbau.
Inzeller Kienberg (bei Inzell)	Planungen aus 1966/1967: Zwei Sektionen Kabinen-Seilbahn westlich Ortsteil Schmelz über den Nordwesthang; vier kombinierte Schlepp-/ Sessellifte auf Südseite; Rodungen für drei Skiabfahrten über den Nordwesthang.	Alpenplan Zone C und Status Naturschutzgebiet.
Watzmann (bei Berchtesgaden)	1953 erste Planungen, zuletzt 1968 vorangetrieben; Kabinenseilbahn zum Watzmannhaus, dort Berghotel; ebenfalls Erschließungspläne für Watzmannkar.	Zone C; Status Naturschutzgebiet; später Nationalpark (1978).

* Projekt derzeit aktuell

Quellen: Eigene Darstellung nach Link 1963, Link 1965, Link 1967, Pause 1967, Seydel 1968, Pause 1970, o.V. 1971, Lintzmeyer/Lintzmeyer 1997, Speer 2008, Sebald 2011, Stankiewitz 2012, Huber 2013, Mang 2014, CIPRA Deutschland 2015, Kreitmayer 2015, Vögele 2015, Werth/Kraft 2015, Bayerle 2016, Fanderl 2016, o.V. 2016 sowie mündliche Mitteilungen von Prof. Dr. Konrad Goppel (2016), Christoph Himmighoffen (2016), Dr. Reinhold Koch (2016), Dr. Klaus Lintzmeyer (2016) und Henning Werth (2016)

Des Weiteren ist zu konstatieren, dass nicht immer und alleinig die Tabuwirkung der Zone C für die Nichtrealisierung einer zunächst intendierten skitouristischen Erschließung verantwortlich zeichnet (vgl. Tab. 3). Häufig ist eine komplexe Gemengelage aus ex post und mit mehreren Jahrzehnten Abstand kaum ohne ausführliche historische Recherchearbeiten zu klärenden weiteren Einflussfaktoren (z. B. Finanzlage der projektierenden Gesellschaften; Kosten, Aufwand und Eingriffsintensität für Erschließungen; politischer Rückhalt vor Ort, bei Genehmigungsbehörden und der Staatsregierung; lokale/regionale Konkurrenzsituation; Grenzsituation und verkehrstechnische Erreichbarkeit von Österreich; Tauschgeschäfte mit realisierten Erschließungsvorhaben) für das Nichtzustande-Kommen der Projekte mitverantwortlich. Als ein Beispiel hierfür kann der Brünnstein angeführt werden, zumal dieser im Gipfelbereich in der weniger strengen B-Zone liegt. Dort war im Jahr 1967 eine umfängliche Erschließung intendiert, die nicht zuletzt auch wegen der wenig später erfolgten Fertigstellung der Inntalautobahn (einschließlich der schnellen Grenzabfertigungsstelle Kiefersfelden) und einer somit viel leichteren Erreichbarkeit der konkurrierenden Skigebiete Nordtirols auch aus Gründen der Rentabilität unterlassen wurde. Weitere Beispiele sind die Projekte Hirschberg (Zone B), Stolzenberg (Zone A auf der zur Erschließung geplanten Nordflanke) und Geigelstein (Zone B Südwestflanke nach Sachrang). Außerdem haben sicherlich auch der Bergwaldbeschluss von 1984 und die 1991 in Kraft getretene Alpenkonvention ihren Beitrag geleistet.

Es kann abschließend festgehalten werden, dass seit 1972 bis heute keine Ausnahmegenehmigung für Erschließungsprojekte in der Zone C erteilt wurde und dadurch viele konfliktträchtige Einzelfalldebatten, die sich bis zur jeweiligen Planfeststellung lange hingezogen und somit viel Verwaltungsaufwand gekostet hätten, vermieden wurden und parallel zahlreiche Erschließungsprojekte verhindert werden konnten.

5.2 Ruhegebiete in Tirol (Österreich)

Die Tiroler Ruhegebiete sind ein wesentliches Instrument für den alpinen Freiraumschutz. Sie wurden erstmals 1972/1973 im „Landschaftsplan" der Tiroler Landesforstinspektion für ganz Tirol entwickelt. Der Landschaftsplan erlangte aber im Gegensatz zum nahezu zeitgleich in Bayern beschlossenen Alpenplan (vgl. Kapitel 5.1) und zum „Inventar der zu erhaltenden Landschaften und Naturdenkmäler von nationaler Bedeutung" der Schweiz keine rechtliche Wirkung (Haßlacher 2016b: 7). Die im Tiroler Landschaftsplan enthaltenen Gebietsvorschläge für Ruhegebiete sollten aber bei Regionalplanungen herangezogen werden. Die rechtliche Verankerung von Ruhegebieten erfolgt auf dem Weg von Verordnungen per Beschluss der Landesregierung erst seit der Aufnahme in das Tiroler Naturschutzgesetz im Jahre 1975. Die fachliche Fundierung der raumordnerischen Sicherung alpiner Freiräume ist im von der Tiroler Landesplanung ausgearbeiteten „Tiroler Erholungsraumkonzept" in den Kapiteln „Fremdenverkehr" und „Alpine Raumordnung" gewährleistet (Amt der Tiroler Landesregierung 1981).

Alpine Raumordnung

Der Begriff „Alpine Raumordnung" wurde in der zweiten Hälfte der 1970er Jahre als Reaktion auf die Gletscherskigebietsplanungen in Tirol insbesondere von den alpinen Vereinen Österreichs geprägt. Die Tiroler Landesplanung war durch die dynamische Tourismusentwicklung durch Seilbahnerschließungen einerseits und die Forderung nach Freihaltung großräumiger Ruhegebiete andererseits immer wieder mit der Frage einer möglichst ausbalancierten Raumentwicklung zwischen Schützen und Nützen konfrontiert. Von ihr stammt auch die erste Zielformulierung für die „Alpine Raumordnung". Das Ziel besteht darin, „ausgedehnte Ruhegebiete als Gegenpol zu Erschließungszonen für den Tourismus zu schaffen, letztlich also zu einer Zonierung des alpinen Raumes in Bereiche intensiver Fremdenverkehrsnutzung (mit ‚Massentourismus') und in Bereiche der Ruhe mit nur extensiver Fremdenverkehrsnutzung zu kommen" (Barnick 1980: 4; Barnick 1985: 262). Klar ist, dass eine so gedachte „Alpine Raumordnung" stets nur ein Teilbereich der überörtlichen Raumordnung des Gesamtraumes ist.

Jedenfalls verkörperte dies den Startschuss für zahlreiche Ruhegebietsverordnungen in Tirol und die Berücksichtigung dieses Raumordnungsziels in den Entwicklungsprogrammen für einzelne Planungsräume. Zu Beginn der 1990er Jahre zählten nach Ansicht der größten österreichischen Nichtregierungsorganisation im Bereich Naturschutz, dem Österreichischen Alpenverein, die Konsolidierung des Fremdenverkehrsangebotes, Strategien zur Vermeidung und Unterbrechung der touristischen Wachstumsspirale, die Festlegung von Endausbaugrenzen der alpinen Erschließung unter anderem durch die Erhaltung großräumiger naturnaher Räume und die Entwicklung von Alternativen zum technisierten Tourismus zu den Aufgaben der „Alpinen Raumordnung" (Haßlacher 1991: 16). Im Vorwort zum „Tiroler Raumordnungsprogramm betreffend Seilbahnen und skitechnische Erschließungen 2005" schreibt die damals zuständige Landesrätin Anna Hosp: „Die Errichtung von Seilbahnen und Skigebieten kann somit nicht ausschließlich eine unternehmerische Entscheidung sein. Sie ist vielmehr in den Gesamtzusammenhang einer nachhaltigen alpinen Raumordnung zu stellen, in der alle Nutzungs- und Schutzaspekte ihre ausgewogene Berücksichtigung finden" (Amt der Tiroler Landesregierung 2005: 3). Schließlich bereichert die Alpenkonvention die Diskussion und Anwendung der „Alpinen Raumordnung" (vgl. Kapitel 4.1). Sowohl in der rein politischen Resolution der Umweltminister anlässlich der I. Alpenkonferenz 1989 in Berchtesgaden als auch in den in allen Alpenstaaten mit Ausnahme der Schweiz in Kraft stehenden vier relevanten Durchführungsprotokollen finden sich genügend Ansatzpunkte und Bausteine für eine weiterführende Festigung der „Alpinen Raumordnung" (Haßlacher 2016f: 117). Hiermit harrt die raumordnerische Sicherung alpiner Freiräume ihrer Umsetzung im Wege der Alpenkonvention, bei der Raumordnung, Naturschutz, Tourismus und Energiewirtschaft gleichermaßen gefordert sind.

Aufgaben einer „Alpinen Raumordnung" sind (Haßlacher 1991: 16):

- auf eine Konsolidierung des Fremdenverkehrsangebotes insbesondere in hochentwickelten Tourismuszentren hinzuwirken,
- Strategien zur Vermeidung und Unterbrechung der gefährlichen Wachstumsspirale und automatisierten Engpassüberwindung der Tourismusinfrastrukturen zu entwickeln,
- Alternativen zum technisierten Tourismus zu finden und
- auf eine Festlegung von Endausbaugrenzen der touristischen, energiewirtschaftlichen und verkehrsmäßigen Erschließung sowie der Erhaltung großräumiger naturnaher Räume als Ergänzung zu den intensiv genutzten Wirtschafts- und Tourismusregionen hinzuarbeiten.

Nach dem Tiroler Naturschutzgesetz liegen Ruhegebiete außerhalb geschlossener Ortschaften und eignen sich besonders für die ruhige Erholung. Sie sind frei von lärmerregenden Betrieben, von Seilbahnen für die öffentliche Personenbeförderung sowie von Straßen des öffentlichen Verkehrs. Ihre besondere Charakteristik besteht in ganz klaren Verboten ohne Ausnahmen:

- keine Errichtung von lärmerregenden Betrieben,
- keine Installation von Seilbahnen für die öffentliche Personenbeförderung und von Schleppliften,
- kein Neubau von Straßen für öffentlichen Verkehr,
- keine erhebliche Lärmentwicklung (ausgenommen Maßnahmen zur „Energiewende" seit 2015) und
- keine Außenlandungen und Außenabflüge mit motorbetriebenen Flugzeugen zu touristischen Zwecken (mit vereinzelten Ausnahmen).

Durch die Grenzziehung direkt an Außengrenzen von Skigebieten und Straßen können Ruhegebiete auch zu Endausbaugrenzen der technisierten Erschließung werden. Sie werden aufgrund der klaren Verbotsregelung auch deshalb bei Schutzgebietsausweisungen präferiert, wenn es gilt, Skigebieten definitiv Grenzen zu setzen (z. B. in Seefeld und Achenkirch durch die Ruhegebiete „Eppzirl" und „Achental-West" im Karwendel). Landschaftsschutzgebiete sind aufgrund des schwächeren Schutzstatus dazu nicht imstande. Ruhegebiete stellen daher eine konsequente alpine „Flächenwidmung" zur Bewahrung unerschlossener Freiräume dar, die über die Fachplanung Naturschutz verankert ist. Naturschutzfachliche Managementaufgaben können im Einvernehmen mit Grundeigentümern und Gemeinden zu einem späteren Zeitpunkt erfolgen (Haßlacher 2007b: 88).

Ausgehend von unterschiedlichen Planungsgrundlagen aus der amtlichen Regionalplanung, des Österreichischen Alpenvereins, der Abteilung Umweltschutz des Amtes der Tiroler Landesregierung und von Schutzgebietsbetreuungen sind in Tirol im Zeitraum von 1981 bis 2000 acht Ruhegebiete von der Landesregierung beschlossen und verordnet worden (Haßlacher 2016b: 7, Tab. 4). Mit einer Gesamtfläche von 1.370,94 km² nehmen sie derzeit 10,84 % der Landesfläche Tirols in vornehmlich alpinen Lagen ein.[16] Zum Vergleich: Der Dauersiedlungsraum Tirols umfasst 11,8 % der Landesfläche. Das älteste Ruhegebiet „Ötztaler Alpen" datiert aus dem Jahr 1981. Das flächenmäßig größte ist das im Jahr 1991 erstverordnete Ruhegebiet „Zillertaler und Tuxer Hauptkamm", das zum Anlass seines 25-jährigen Bestehens jüngst um 42,71 km² auf 421,71 km² am Tuxer Hauptkamm erweitert worden ist.

Eine rechtliche Sicherung weiterer unerschlossener alpiner Räume ist in Tirol aufgrund des großen Einflusses der Tourismus- und Seilbahnbranche schwierig. Deshalb wird von verschiedenen Seiten (Journalisten, Politikern außerhalb Tirols im In- und Ausland, großen Teilen der Bevölkerung) angenommen, dass bestehende Ruhegebiete laufend für Skigebietserweiterungen verkleinert werden. Das ist nicht der Fall. Lediglich 1997 wurde das Ruhegebiet „Ötztaler Alpen" wegen der skitechnischen Verbindung zwischen Obergurgl und Hochgurgl in der Gemeinde Sölden am äußersten östlichen Rand von 397,6 km² auf 396 km² (= -0,33 %) verkleinert. Eine marginale Grenzlinienkorrektur betraf das Ruhegebiet „Zillertaler Hauptkamm", das seine Fläche durch die Herausnahme eines Trafohäuschens eines Seilbahnunternehmens von 372 km² auf 371,78 km² (= -0,06 %) verringerte. Weitere Grenzänderungen hat es nicht gegeben.

Jahrelange Bestrebungen der Seilbahnunternehmen und Anrainergemeinden, verschiedene Projekte – insbesondere im seit 1983 bestehenden Ruhegebiet „Kalkkögel" – durchzusetzen, sind bislang allesamt gescheitert. Nach Artikel 11 Absatz 1 des Durchführungsprotokolls „Naturschutz und Landschaftspflege" widersprechen derartige Projekte den innerstaatlich unmittelbar anzuwendenden Artikeln der Alpenkonvention (Haßlacher 2011a; Haßlacher 2011b; Essl 2017).

Im Zuge der Novelle des Tiroler Naturschutzgesetzes 2015 wurde für erhebliche Lärmentwicklungen bei der Ausführung von Vorhaben der „Energiewende" („Baulärm im hierfür notwendigen Ausmaß") in Ruhegebieten eine Ausnahmebestimmung geschaffen. Diese könnte bei Genehmigung des Erweiterungsprojekts Speicherkraftwerk Sellrain-Silz/Kühtai für Maßnahmen (z. B. die Errichtung von Bachfassungen) im Ruhegebiet „Stubaier Alpen" ausschlaggebend werden.

Nach dem Bestehen mehrerer Ruhegebiete über einen Zeitraum von zum Teil einigen Jahrzehnten lässt sich ihre Steuerungswirkung auf die alpine Raumnutzung unzweifelhaft aufzeigen. 18 Projekte für skitouristische Erschließungen (Seilbahnen) und Straßen für den Kraftfahrzeugverkehr aus der Zeit vor der Verordnung des jeweiligen Ruhegebietes bzw. während der Laufzeit sind planerisch dokumentiert und öffentlich diskutiert worden. Wegen der Tiroler Ruhegebietsverordnungen wurden sie nicht realisiert (vgl. Abb. 4 und Tab. 4). Nach ausführlicher politischer und öffentlicher Diskussion gelangten sie aufgrund der eindeutigen Verordnungsinhalte nicht einmal in das Verfahrensstadium. Zur Durchsetzung der Projekte wären nämlich jeweils die gänzliche Aufhebung eines Ruhegebietes und die Neuverordnung durch die Landesregierung nach einem umfangreichen Stellungnahmeverfahren erforderlich gewesen. Derartige Verwaltungsabläufe konnten offenkundig nicht gestartet werden.

---

[16] Eigene Berechnungen.

Abb. 4: Nicht realisierte skitouristische Erschließungs- und Straßenprojekte in Tiroler Ruhegebieten (RG)

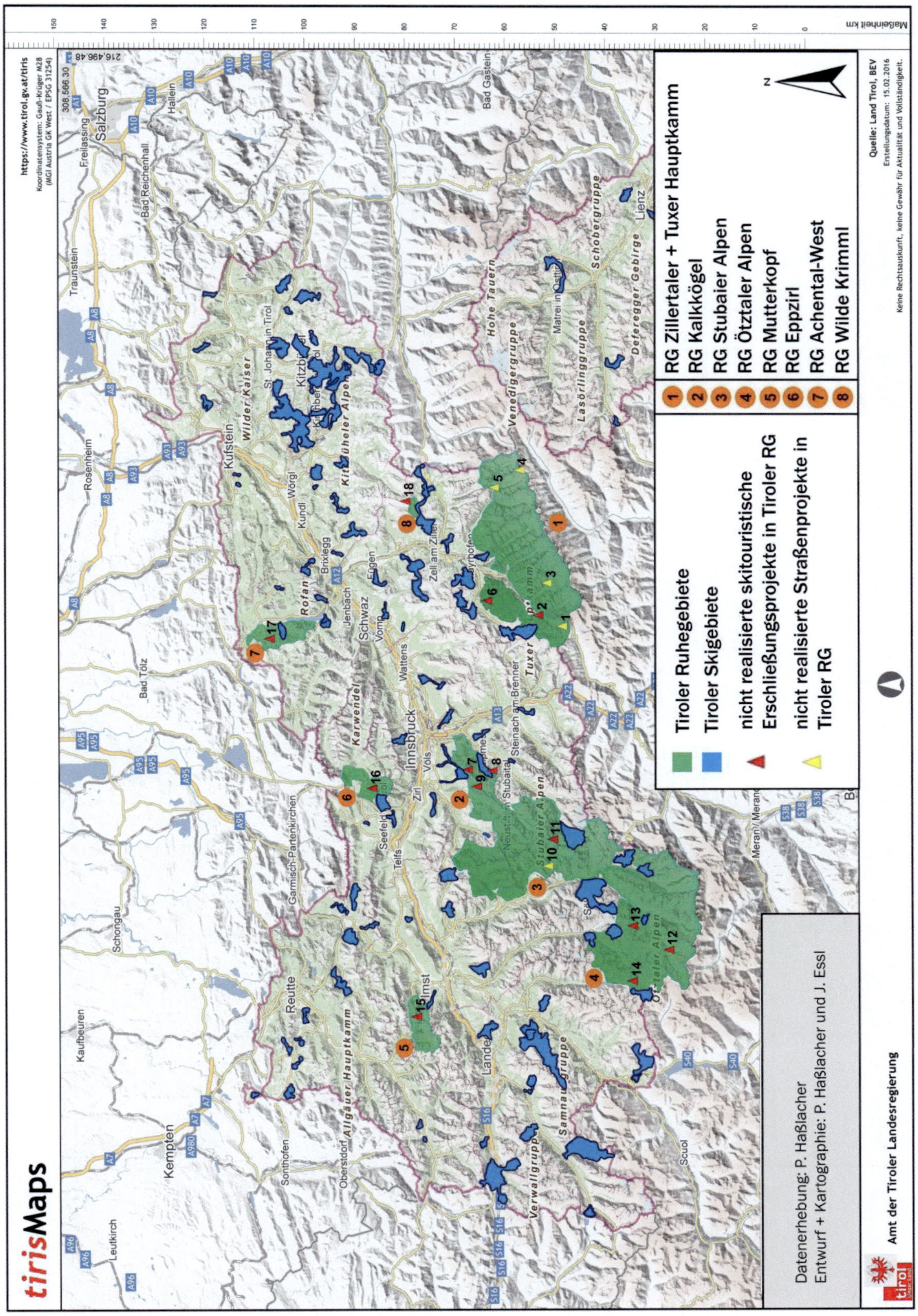

Tab. 4: Ruhegebietsverordnungen in Tirol und verhinderte Erschließungsprojekte

Lfd. Nr.	Bezeichnung des Ruhegebietes	Datum Regierungs-beschluss	Fläche (km²)	Gemeinden	Projekt Nr.	Erschließungsprojekte	Projekt, bekannt vor Erst-verord-nung	Projekt, bekannt nach Erst-verord-nung	Projekt derzeit aktuell ja	Projekt derzeit aktuell nein
1	**„Zillertaler und Tuxer Hauptkamm“**	02.07.1991 (EV)	372,00	Brandberg Finkenberg, Mayrhofen, Tux	1	Verlängerung der B 169 Zillertaler Bundesstraße zum Pfitscher Joch (→ durchgehende Straße „Zillertal-Sterzing“)	✓			✓
		03.02.1998	371,78							
		02.05.2006	379,00		2	Zubringerbahn vom Schlegeisspeicher zum Gletscherskigebiet Hintertux	✓			✓
		07.10.2016 (EV)	421,71		3	Durchstich Zillertaler Hauptkamm für Alemagna-Autobahn	✓		✓ (in Italien)	✓
					4	„Freundschaftsstraße“ Zillertal-Ahrntal über Hundskehljoch	✓			✓
					5	Öffnung der Straße auf die Dammkrone „Speicher Zillergründl“ für motorisierten Individualverkehr	✓	✓		✓
					6	Neuerschließung Winterskigebiet „Kreuzjoch“	✓			✓

2	**„Kalkkögel"**	26.07.1983 (EV)	77,70	Axams, Götzens, Grinzens, Mutters, Neustift im Stubaital, Sellrain, Telfes	7	Skigebietsverbindung „Schlick-Axamer Lizum" durch das Ruhegebiet „Kalkkögel"	✓		✓	
					8	Zubringerbahn Neustift im Stubaital/Neder-Kaserstattalm-Sennjoch	✓		✓	
					9	nächste Schritte: Niederer Burgstall, Schlicker-Schartl-Seejöchl; Oberbergtal-Milderaun; (langfristig: Stubaier Gletscherskigebiet)		✓	✓	
3	**„Stubaier Alpen"**	26.07.1983 (EV)	348,90	Längenfeld, Neustift im Stubaital, St. Sigmund, Sölden, Umhausen	10	Bergstraßenverbindung Stubaital-Ötztal (über Sulztal) aus Raumordnungsskizze 1960	✓			✓
		02.05.2006	352,20		11	Erweiterung des Gletscherskigebietes Hochstubai in die Glamergrube	✓		✓	
4	**„Ötztaler Alpen"**	27.10.1981 (EV)	396,00	Kaunertal, St. Leonhard im Pitztal, Sölden	12	Skigebietsverbindung Schnalstaler Gletscherskigebiet-Vent	✓			✓
		10.06.1997	394,70		13	Skigebietsverbindung Vent-Rofenkar-Pitztaler Gletscherskigebiet		✓		✓
		02.05.2006	405,53		14	Skiabfahrt über Gepatschferner nach einer allfälligen Erweiterung des Kaunertaler Gletscherskigebietes auf den Gepatschferner	✓			✓

5	**„Muttekopf"**	09.07.1991 (EV)	38,00	Imst, Pfafflar	15	Erweiterung des Wintersportgebietes Hochimst in Richtung Seebrig	✓			✓
6	**„Eppzirl"**	20.12.1988 (EV)	33,40	Scharnitz, Seefeld, Zirl	16	Erweiterung des Seefelder Wintersportgebietes auf das Gebiet der Eppzirler Alm	✓			✓
7	**„Achental-West"**	20.12.1988 (EV)	38,10	Achenkirch, Eben am Achensee	17	Erweiterung des Wintersportgebietes Christlum in Richtung Hochplatte, Kleinzemm und Gröbner Hals	✓			✓
8	**„Wilde Krimml"**	20.06.2000 (EV)	4,30	Gerlos, Stummer-berg	18	Raumordnungsstrategische Begrenzung der Erschließungsmöglichkeiten in Richtung Torhelm, Katzenkopf, Rifflerkogel	✓			✓
GESAMTFLÄCHE			**1.370,94**							

EV = Erstverordnung

Quelle: Peter Haßlacher, eigene Erhebungen, Landesgesetzblätter für Tirol

Besondere Projektcluster lagen in den 1980er Jahren im hinteren Zillertal und liegen aktuell im Bereich der Kalkkögel zwischen westlichem Innsbrucker Mittelgebirge und dem Stubaital (vgl. Abb. 4). Bei Umsetzung der Straßenprojekte im/durch den Zillertaler Hauptkamm wäre das Zillertal zum Nord-Süd-Transittal geworden und es würde der hintere Talbereich der sogenannten Zillergründe dem massentouristisch ausgerichteten vorderen und mittleren Zillertal als stiller Rückzugsbereich verloren gehen. Im Gegensatz zur mittlerweile entspannten Lage im Zillertal birgt das Ruhegebiet „Kalkkögel", die „Dolomiten Nordtirols", jede Menge Konfliktstoff (Essl 2017). Bei sich ändernden politischen Konstellationen könnte die Auseinandersetzung trotz klarer, wissenschaftlich mehrfach geprüfter Vorgaben aus der Alpenkonvention wieder von vorn beginnen. Es zeigt sich der dem Naturschutz und der „Alpinen Raumordnung" immanente Nachteil ganz deutlich: Projektbetreiber können immer neue Anläufe zur Durchsetzung ihrer Projekte nehmen. Verliert der Naturschutz nur ein einziges Mal, dann ist der in Anspruch genommene Raum verloren. Wie Abbildung 4 zeigt, weisen einige kleinere Ruhegebiete auf den eindeutigen Ausschlusscharakter für die Errichtung weiterer Seilbahnanlagen hin.

Nur das Ruhegebiet „Ötztaler Alpen" und die zum Naturpark „Karwendel" zählenden Ruhegebiete „Eppzirl" und „Achental-West" gehören in Tirol zum Natura 2000-Regime. Die Ruhegebiete „Zillertaler und Tuxer Hauptkamm", „Eppzirl", „Achental-West", Teile der Ruhegebiete „Stubaier Alpen" und „Ötztaler Alpen" wurden zudem mit dem Prädikat „Naturpark" ausgezeichnet. Rechtsgrundlage für die Unterschutzstellung bleibt aber weiterhin der Inhalt der Ruhegebietsverordnung.

Nach dem seit dem Jahre 1995 geltenden „Tiroler Raumordnungsprogramm betreffend Seilbahnen und skitechnische Erschließungen 2005" (Amt der Tiroler Landesregierung 2005: 5) ist zudem die Erweiterung bestehender Skigebiete nicht zulässig, wenn Nationalparkflächen oder Flächen in Gebieten in Anspruch genommen werden, die durch Verordnung aufgrund des rechtsgültigen Tiroler Naturschutzgesetzes zu geschützten Gebieten erklärt worden sind. Zu diesen geschützten Gebieten zählt explizit die Kategorie der Ruhegebiete. Während das Tiroler Seilbahn- und Skigebietsprogramm alle fünf Jahre einer Evaluation und Neufestlegung unterzogen wird, hat sich der rechtliche Inhalt für die Ruhegebietsverordnungen hinsichtlich Seilbahnen und Straßen seit 1975 nicht verändert. Diesbezügliche Tendenzen für die Änderung des Tiroler Naturschutzgesetzes betreffend Ruhegebiete fanden im Tiroler Landtag bislang keine Mehrheit.

6 Ansätze zum Erhalt von Freiräumen ohne bisherige raumplanerische Implementierung

Nach den etablierten Instrumenten zum Erhalt von Freiräumen werden nun Ansätze zum Schutz selbiger ohne bisherige raumplanerische Implementierung vorgestellt. Hierzu zählen die „Alpinen Ruhezonen“ des Landes Salzburg, die „Weißzonen“ im Bundesland Vorarlberg sowie die „Unerschlossenen Gebiete“ Südtirols. Außerdem wird die eigene Untersuchung zu „naturnahen Freiräumen“ in der Schweiz vorgestellt. Dabei ist darauf aufmerksam zu machen, dass nicht sämtliche Urheber aller Untersuchungen an dieser Veröffentlichung als Autoren beteiligt waren und es dadurch zu Schwerpunktsetzungen kommt.

6.1 Alpine Ruhezonen im Land Salzburg

Die Festlegungen der Alpenkonvention ermöglichen unter anderem die Ausweisung von „Vorrangflächen Ruhezonen“. Zu den Durchführungsprotokollen, in denen dies verankert und damit prinzipiell verpflichtend ist, zählen die Protokolle „Raumplanung und nachhaltige Entwicklung“ (Art. 9 Abs. 4 lit b), „Tourismus und Freizeit“ (Art. 10) und „Naturschutz und Landschaftspflege“ (Art. 11 Abs. 3). Das Salzburger Landesentwicklungsprogramm von 2003 hat diese völkerrechtlich eingeräumte Vorgabe als raumplanerisches Instrument aufgenommen, wenngleich dies bislang erst auf regionaler Ebene umgesetzt wurde (z. B. Tennengau). Es bestehen darüber hinaus einige rechtliche Grundlagen in Naturschutz und Raumplanung in den jeweiligen Gesetzen.

So wird im Entwurf zur Novellierung des Salzburger Naturschutzgesetzes vom 3. April 2017 in § 27 Abs. 3. (Schutz der Landschaft und des Erholungsraumes) formuliert: „Die Landesregierung kann darüber hinaus durch Verordnung im Grünland Ruhezonen ausweisen, in denen die Ausübung bestimmter, insbesondere das Landschaftsbild, den Erholungswert der Landschaft oder den Naturhaushalt beeinträchtigende sportliche, touristische oder sonstige Aktivitäten zum Schutz der Natur oder zum Schutz besonderer Erholungsräume ganz oder für bestimmte Bereiche untersagt oder nur unter gewissen Voraussetzungen zugelassen ist“. Seit 1992 besteht die Möglichkeit zur Umsetzung von Ruhezonen über das Salzburger Naturschutzgesetz. Bis dato existiert aber im Bundesland Salzburg keine ausgewiesene Ruhezone nach Naturschutzrecht. Auch das Raumordnungsgesetz des Landes Salzburg wird derzeit fortgeschrieben (Entwurf zur Novellierung des Salzburger Raumordnungsgesetzes vom 21. Dezember 2016). In § 2 (Raumordnungsziele und -grundsätze) steht: „Die Raumordnung hat folgende Ziele zu verfolgen: [...] Der Tourismus ist unter Berücksichtigung der ökologischen Belastbarkeit und der wirtschaftlichen Tragfähigkeit des Raumes zu entwickeln und konkurrenzfähig zu erhalten“.

Zur Erläuterung dieses raumordnerischen Ziels heißt es weiter: „Die Landschaft ist das wichtigste Kapital einer erfolgreichen Tourismuswirtschaft. Lagen außerhalb des Dauersiedlungsraumes, insbesondere im alpinen Raum, weisen eine hohe Vulnerabilität gegenüber strukturfremden Nutzungen aus und bringen den Raum an die Grenzen der ökologischen Belastbarkeit. Im Bereich der Almen ist z. B. eine erweiterte Almbewirtschaftung, die den Ausschank von Getränken und Mahlzeiten umfasst, noch strukturverträglich, die Errichtung von Almdörfern und sonstigen Übernachtungsmöglichkeiten, die über Schutzgedanken der Schutzhütten hinausgehen, ist jedoch als strukturfremd zu bezeichnen. Durch die Ausweisung von Ruhezonen sollen touristische Intensivnutzungen ausgeschlossen werden"(Land Salzburg 2016: 41).

Aktuell ist wiederum das Salzburger Landesentwicklungsprogramm in Überarbeitung. Dafür wurde eine noch unveröffentlichte Studie in Auftrag gegeben. Ziel dieser vom Amt der Salzburger Landesregierung angeregten Studie ist es, die o.g. Vorgaben des Gesetzgebers zu konkretisieren und nunmehr einen landesweiten Umsetzungsvorschlag zu erarbeiten (Schoßleitner 2016: 3). Die Abgrenzung der vom Autor als „Alpine Ruhezonen" genannten Areale erfolgt dabei anhand von Ausschlussflächen und bezieht sich ausschließlich auf den Nicht-Dauersiedlungsraum, auf Gebiete außer- oder oberhalb des Dauersiedlungsraums (Schoßleitner 2016: 5). Durch eine generalisierte Abgrenzung dieser Räume entsteht ein Übergangsbereich zwischen den intensiv und extensiv genutzten Arealen.

Alpine Ruhezonen werden anhand von vereinbaren und unvereinbaren Nutzungen nach vordefinierten Themenfeldern topologisch festgelegt. „Die Einstufung der Vereinbarkeit von Nutzungen orientierte sich dabei an vergleichbaren Ansätzen" (Schoßleitner 2016: 61). Zu diesen zählen der Alpenplan, die Weißzonen, die Ruhegebiete Tirols und alpine Ruhezonen im Regionalprogramm Tennengau sowie nicht zuletzt Nutzungsregulierungen von Schutzgebieten (Schoßleitner 2016: 12). Dabei werden nicht nur Nutzungen, sondern auch Aktivitäten (z. B. Heliskiing) als vereinbar oder eben unvereinbar beurteilt. Zudem erfolgt diese Zuordnung in einem iterativen Prozess: Vorschläge über vereinbare oder unvereinbare Nutzungen wurden unterbreitet und jeweils mit der Abteilung Raumplanung bzw. dem zuständigen Ressort des Landes Salzburg intern abgestimmt (Schoßleitner 2016: 12). Als vereinbare bzw. unvereinbare Nutzung wurden beispielsweise folgende festgelegt (vgl. Tab. 5)[17]:

Tab. 5: Vereinbare und unvereinbare Nutzungen mit alpinen Ruhezonen

Vereinbare Nutzungen	**Unvereinbare** Nutzungen
Wanderwege, Klettersteige, Radwege, Naturrodelbahnen, Skitourenrouten, Loipen, Alm- und Wanderwege, alpine Steige, Reitwege, Loipen, kleine Sportanlagen, kleine Verkehrswege vorrangig nicht für den motorisierten Individualverkehr, land- und forstwirtschaftliche Betriebe (ökologisch zentriert oder extensiv), Fußwege, Forststraßen, unbefestigte Parkplätze <1.000 m²	Skipisten inklusive Begleitinfrastruktur, Sommer- und Winterrodelbahnen, Freizeit- und Erlebnisparks, Motor- und Schießsportanlagen, Straßen für den motorisierten Individualverkehr: Bundes- und Landesstraßen, Straßen überörtlicher Bedeutung, Gemeindestraßen, Privat- und Mautstraßen für den öffentlichen Verkehr, Flächen des Rohstoffabbaus

Quelle: Schoßleitner (2016: 17 ff.)

In einem weiteren Schritt werden die Nutzungen bestehenden, verbindlichen Gebietsausweisungen beispielsweise nach Regionalen Entwicklungskonzepten (REK) zugeordnet. Flächen mit Potenzial zu alpinen Ruhezonen stehen danach unvereinbaren Ausschlussflächen diametral gegenüber. Hierdurch wird der räumliche Bezug hergestellt (Schoßleitner 2016: 30, 63). Zusammengefasst definieren sich die alpinen Ruhezonen nach Salzburger Muster also aus dem Nicht-Dauersiedlungsraum abzüglich der Ausschlussflächen (Schoßleitner 2016: 61).

[17] Für eine vollständige Auflistung der vereinbaren vs. der unvereinbaren Infrastrukturen bzw. Nutzungen vgl. Schoßleitner (2016).

Abb. 5: Räumliche Festlegungen zur Regionalentwicklung im Land Salzburg am Beispiel des Regionalprogramms Tennengau (Vorrangbereich „Alpine Ruhezone" dunkelblau schraffiert)

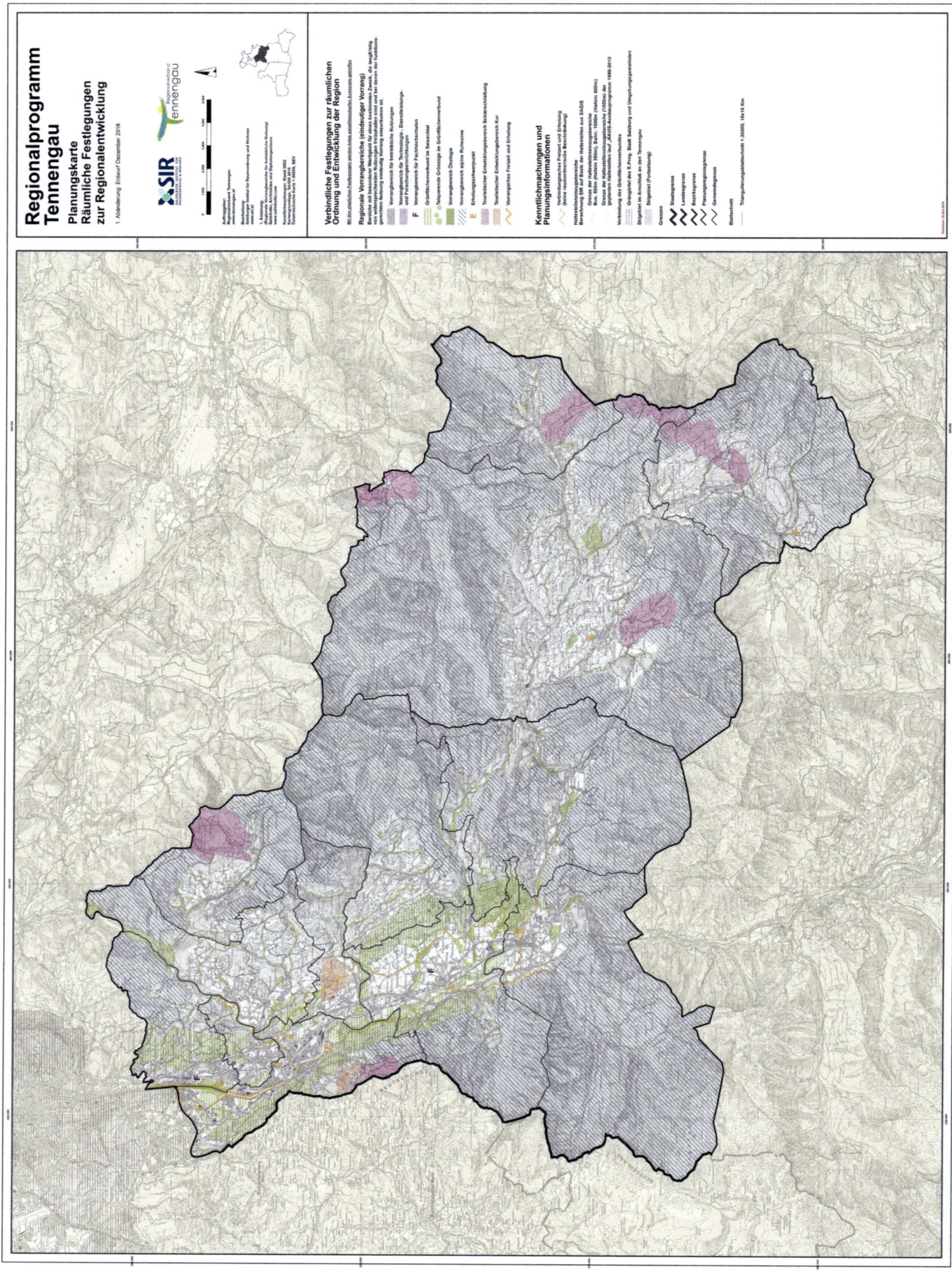

Quelle: Regionalverband Tennengau (2002: 8 f.)

Die räumliche Abgrenzung von alpinen Ruhezonen und deren planerische Darstellung folgt demselben Prinzip wie die Festlegung von „vereinbar" bzw. „unvereinbar" – hier also durch die Bewertung, ob die Nutzungsform, die prinzipiell mit einer alpinen Ruhezone vereinbar ist, konform mit einer konkreten Gebietsfestlegung ist. Dadurch wurde „eine kompakte Sammlung an ‚Flächen mit Potenzial alpine Ruhezone' bzw. von ‚Ausschlussflächen alpine Ruhezone' geschaffen" (Schoßleitner 2016: 30). Um einen Informationsüberfluss in den planerischen Darstellungen zu vermeiden, werden jedoch nur großflächige Ausschlussflächen herangezogen, z. B. Skigebiete oder Verkehrsflächen überörtlicher Bedeutung. Außerdem ist darauf hinzuweisen, dass sich die landesweite kartographische Darstellung „auf eine rein grafische Widergabe beschränkt: Es werden (u. a.) weder Neuabgrenzungen bzw. -digitalisierungen noch Pufferberechnungen durchgeführt" (Schoßleitner 2016: 49).

Im Bundesland Salzburg ist das Instrument der „Alpinen Ruhezone" zweifach verankert: in der Raumordnung und dem Naturschutz. Im Jahre 2002 wurde die raumordnerische Festlegung „Alpine Ruhezone" erstmals in das von der Salzburger Landesregierung beschlossene „Regionalprogramm Tennengau" (LGBl. Nr. 60/2002) aufgenommen (vgl. Abb. 5). Dieses ist bis dato das einzige Regionalprogramm im Bundesland Salzburg, in welchem der regionale Vorrangbereich „Alpine Ruhezone" als verbindliche flächenhafte Festlegung zur räumlichen Ordnung und Entwicklung einer Region ausgewiesen ist. Diese Festlegung ist eine verpflichtende Vorgabe an alle berührten Gemeinden zur Aufnahme der „Alpinen Ruhezone" in die Räumlichen Entwicklungskonzepte der kommunalen Ebene.

Das Salzburger Landesentwicklungsprogramm aus dem Jahre 2003 hat die Maßnahme zur Ausweisung solcher Zonen erstmals im Bereich Landschaftsschutz und Landschaftsentwicklung (Naturraum, Freiraum und Landschaft) mit der Definition von Zielsetzungen und der Formulierung einer abgestimmten Maßnahme zur Festlegung alpiner Ruhezonen aufgenommen. Vorgaben auf regionaler und örtlicher Ebene müssten danach im Regionalprogramm und/oder räumlichen Entwicklungskonzept implementiert werden (Schoßleitner 2016: 10 f.). Mit der Ausweisung von alpinen Ruhezonen werden gleichzeitig „Endausbaugrenzen" für Intensivnutzungen festgelegt. Diese dienen der Sicherung von noch weitestgehend unerschlossenen Räumen und beziehen sich unter anderem auf infrastrukturorientierte touristische, verkehrliche sowie energiewirtschaftliche Nutzungen. Ziel ist es, dass sich die Entwicklungsbereiche intensiver Nutzungen auf kleine Räume konzentrieren (Schoßleitner 2016: 9, 16, 19).

6.2 Weißzonen in Vorarlberg

Die ursprünglichen Natur- und Kulturlandschaften in Vorarlberg stehen zunehmend unter Nutzungsdruck. Durch die vermehrte Inanspruchnahme der Landschaft für touristische Infrastrukturen, für Straßen- und Wegebau oder für die Ausweitung von Siedlungen sind in Vorarlberg nur noch wenig unerschlossene Landschaftsräume vorhanden. Daher hat die Vorarlberger Landesregierung den Abteilungen Raumplanung und Baurecht sowie Umwelt- und Klimaschutz im Jahr 2012 den Auftrag erteilt, ursprüngliche, naturnahe und wenig erschlossene alpine Landschaftsräume als alpine Freiräume zu erfassen (1. Phase) und langfristig als sogenannte Weißzonen zu sichern (2. Phase). Das Inventar Weißzone (1. Phase) stellt eine ausführliche Beschreibung des jeweiligen Natur- und Kulturraums und der Nutzungen von wenig erschlossenen Berglandschaften Vorarlbergs dar. Die im Inventar Weißzone ausgewiesenen Gebiete orientieren sich an naturräumlichen Einheiten (hydrogeographisch abgegrenzten Landschaftskammern) und nicht an administrativen Grenzen, da die menschliche Wahrnehmung zwar subjektiv ist, aber stark von Landschaftsformen geprägt wird.

Langfristig sollen neue, große landschaftsverändernde Infrastrukturen in ausgewählten Gebieten vermieden werden. Dabei soll der Grundsatz der Zugänglichkeit und Erlebbarkeit für Einheimische wie Besucher gewahrt werden (z. B. Wandern, Skitouren). Zudem soll eine nachhaltige land-, forst- und jagdwirtschaftliche Nutzung in diesen Gebieten fortgeführt und weiterentwickelt werden können (Kopf/Marlin 2016: 3 ff.). Intakte Natur und Landschaft werden in Vorarlberg als zentrales Kapital für die Lebensqualität gesehen. Nicht erschlossene Gebiete sind sowohl für den Naturschutz als auch für den Ganzjahrestourismus wichtig. Das damit verbundene Bekenntnis zur Schaffung von Weißzonen ist bereits in der Vorarlberger Tourismusstrategie 2020 und im Arbeitsprogramm der Landesregierung 2014–2019 verankert. Im Landtagsentschluss vom 13. April 2016 wurde die Landesregierung ersucht, auf Grundlage des Inventars Weißzone „die Ausweisung einer Weißzone im Einvernehmen mit der betroffenen Gemeinde vorzunehmen" (Vorarlberger Landtag: 3).

Das methodische Grundgerüst für die Erhebung der im Inventar beschriebenen Gebiete bildet der Erschließungsgrad von Landschaftskammern. Der gewählte Ansatz beruht auf einem GIS-gestützten Verfahren. Dabei haben subjektives Raumempfinden oder regional unterschiedliche Gebietskenntnisse des Bearbeiters wenig Einfluss auf das Ergebnis.

Die Definition der Landschaftskammern und eine erste Berechnung des Erschließungsgrads für Vorarlberg wurden im Auftrag des Vorarlberger Naturschutzrats bereits 2008 vom Umweltbüro Grabher (UMG 2008) durchgeführt. In zwei weiteren Berechnungen (2014, 2015) der Abteilung Raumplanung und Baurecht der Vorarlberger Landesregierung wurde die bestehende Methodik verfeinert und eine umfangreiche Überarbeitung der Gebäude- und Fahrwegedatensätze vorgenommen. Da grenznahe Infrastrukturen einen Einfluss auf den Erschließungsgrad von Vorarlberger Landschaftskammern haben können, wurden diese in der neuesten Berechnung des Erschließungsgrads (Oktober 2015) miteinbezogen. Außerdem wurde der Erschließungsgrad für alle Landschaftskammern ermittelt, die direkt an das Territorium Vorarlbergs angrenzen.

Nachfolgend werden die methodischen Schritte bzw. Besonderheiten vorgestellt:

A Berechnung der Landschaftskammern

Grundlage für die Abgrenzung der Weißzonen sind die aus dem digitalen Höhenmodell abgeleiteten Landschaftskammern. Diese sind durch die Geländetopographie vorgegebene Naturräume wie Täler, Kare oder Tobel. Da der oberflächliche Wasserabfluss ebenfalls durch die Geländetopographie bestimmt wird, bieten Gewässereinzugsgebiete eine geeignete Grundlage zur Abgrenzung von Landschaftskammern. Auf Basis des digitalen Laserscanning-Höhenmodells von 2011 (VoGIS 2016, Auflösung: 5x5 m) wurde Vorarlberg in etwa 20.000 kleine Gewässereinzugsgebiete unterteilt und dann händisch zu größeren hydrologischen Einheiten zusammengefasst. Das Ergebnis sind 681 Landschaftskammern mit einer durchschnittlichen Fläche von 3,3 km^2. Die Bandbreite von der kleinsten zur größten Landschaftskammer reicht von 0,27 km^2 bis 25,5 km^2 (vgl. UMG 2008). Die vertiefende technische Vorgehensweise zur Berechnung der Landschaftskammern ist in UMG (2008: 7 ff.) dokumentiert.

B *Auswahl der Infrastrukturen*

Die Berechnung des Erschließungsgrads von Infrastrukturen erfolgte auf Basis der im VoGIS verfügbaren Daten. Um die Qualität der Eingangsdaten zu erhöhen, wurde das ländliche Wegenetz anhand des Luftbilds von 2012 mit weiteren im Luftbild ersichtlichen Fahrwegen ergänzt. Innerhalb des in der ersten Berechnung (2014) ausgewiesenen Untersuchungsgebiets (Kern-, Puffer- und Entwicklungszone) wurden mithilfe des Luftbilds von 2015 alle Infrastrukturen überprüft und angepasst. Anschließend wurde der Erschließungsgrad neu berechnet (Endberechnung: Oktober 2015).

Folgende Infrastrukturen wurden zur Berechnung des Erschließungsgrades berücksichtigt:

- Straßennetz (Landesstraßen, Ortsstraßen, Autobahnen, Forst- und Güterwege, Privatstraßen)
- Aufstiegshilfen und Skipisten
- Materialseilbahnen
- Stauseen, Hochspannungsfreileitungen
- Adresspunkte und/oder Gebäude mit mehr als 200 m² Grundfläche
- Bahnlinien
- Bauflächen im Flächenwidmungsplan (Baufläche-Kerngebiet (BK), Baufläche-Wohngebiet (BW), Baufläche-Mischgebiet (BM), Baufläche-Betriebsgebiet (BB))

C *Erschließungsgrad von Landschaftskammern*

Als erschlossen werden alle Flächen innerhalb eines 200-m-Puffers um Punkt-, Linien- und Flächeninfrastrukturen gewertet. Somit ist beispielsweise der durch eine Straße oder Seilbahn erschlossene Korridor 400 m breit. Der prozentuale Anteil der erschlossenen Flächen an der Gesamtfläche einer Landschaftskammer ergibt den Erschließungsgrad. Dies erfolgt in drei Bearbeitungsschritten:

- Für jeden der zehn erwähnten Infrastrukturdatensätze wird ein 200-m-Puffer berechnet und zu einem Gesamtpolygon (=Infrastrukturpuffer) zusammengeführt.
- Der Infrastrukturpuffer wird mit den Landschaftskammern verschnitten.
- Der Flächenanteil des Infrastrukturpuffers an der jeweiligen Landschaftskammer wird berechnet (Infrastrukturpuffer_Landschaftskammer_ID (m²)).

Der Erschließungsgrad einer Landschaftskammer wird nun wie folgt ermittelt:

$$Erschließungsgrad\ [\%] = \frac{Infrastrukturpuffer(Landschaftskammer\_ID)\ [m^2]}{Landschaftskammer\ [m^2]} * 100$$

D *Kategorien der Weißzone*

Es werden drei Kategorien unterschieden: Kern-, Puffer- und Entwicklungszone. Eine Weißzone (=Beschreibungseinheit) kann sich aus mehreren dieser Teilflächen zusammensetzen.

- Kernzonen umfassen nicht erschlossene bzw. wenig erschlossene Landschaftskammern mit einem Erschließungsgrad von 0 bis 20 %.

- Pufferzonen umfassen nicht erschlossene Flächen mit einer Mindestgröße von 2 ha, die unmittelbar an die Kernzone (In- oder Ausland) angrenzen, selbst aber in einer Landschaftskammer liegen, die einen Erschließungsgrad von über 20 % aufweist.
- Entwicklungszonen entsprechen dem erschlossenen Bereich um Infrastrukturen (400-m-Korridor) in Landschaftskammern bzw. Tälern mit hohem landschaftsräumlichem Wert, deren Erschließungsgrad zwischen 20 % und 30 % liegt. Diese dritte Weißzonen-Kategorie wurde eingeführt, damit Talschaften mit hohem Anteil an Pufferzonen, die ihrem Charakter nach sehr ursprünglich und naturnah sind, aber einen Erschließungsgrad von über 20 % aufweisen, ebenfalls in ihrer Gesamtheit erfasst und beschrieben werden können. In sieben Talschaften mit einem Erschließungsgrad zwischen 20 % und 30 % wurden Entwicklungszonen ausgewiesen. Um den Charakter eines Tals zu erfassen, ist es erforderlich, neben den erschließungsfreien Pufferzonen auch die erschlossenen Bereiche in die Beschreibung miteinzubeziehen.

E Schwellenwerte

Unterschiedlichste Faktoren bestimmen die Wirkung einer Infrastruktur: das betrachtete Schutzgut, die Geländetopographie, natürlich auch die Nutzungsintensität durch den Menschen und selbst die Jahreszeit. Die zur Verfügung stehenden Informationen zu den Infrastrukturen – insbesondere nicht vorhandene Daten zur Nutzungsfrequenz – erlauben keine differenzierte Bewertung der landschaftsästhetischen und ökologischen Auswirkungen einer technischen Infrastruktur. Die gewählten Schwellenwerte beruhen auf ökologischen und landschaftsästhetischen Überlegungen, denn die ökologische und landschaftsästhetische Flächeninanspruchnahme einer Infrastruktur in einer ansonsten wenig erschlossenen Landschaft ist meist um ein Vielfaches größer als die unmittelbar durch die Infrastrukturen beanspruchte Fläche selbst.

Ein Puffer von 200 m um sämtliche Infrastrukturen – unabhängig ihrer Art – ist als Annahme zu sehen, die im Hinblick auf die wichtigsten Schutzgüter ein plausibles Ergebnis liefert. Zudem zeigt die gewählte Berechnungsmethode eine relativ große Flexibilität. Anders gewählte Pufferabstände verändern das Ergebnis nicht grundlegend.

Der Grenzwert von maximal 20 % erschlossener Flächen für die Kernzonen beruht auf der Annahme, dass drei Viertel bis vier Fünftel einer Landschaft nicht erschlossen sein sollten, um das Bild eines ursprünglichen, vergleichsweise ungestörten Gebietes zu vermitteln. Dieser Wert zeigt ebenfalls eine relativ große Flexibilität: Wird der Schwellenwert auf 25 % oder 30 % angehoben oder auf 15 % gesenkt, bleibt das Ergebnis räumlich vergleichbar; das Gesamtbild ändert sich unwesentlich. Dies erlaubt den Rückschluss, dass einerseits ein Erschließungsgrad von maximal 20 % ein räumlich stimmiges Ergebnis liefert und andererseits mögliche kleinere Defizite im Ausgangsdatenbestand das Gesamtbild nicht grundlegend beeinflussen.

Die Festlegung einer Mindestfläche von 2 ha für die minimale Pufferzonenfläche berücksichtigt in erster Linie wildökologische Aspekte. Damit Rückzugsräume als solche infrage kommen, ist diese Mindestgröße erforderlich.

Um die Auswirkung der Schwellenwerte auf die Größe des Untersuchungsgebiets zu untersuchen, wurden die Parameter Pufferbreite und Erschließungsgrad in mehreren Modellläufen angepasst. Es zeigt sich, dass die Schwellenwerte nur einen geringen Einfluss auf die räumliche Ausbreitung der „wenig erschlossenen Gebiete" haben. Eine wesentliche Ursache für den vergleichsweise geringen Einfluss der Schwellenwerte auf das Gesamtergebnis sind die positiven Rückkoppelungserscheinungen von Infrastrukturen und Nutzungen. Häufig treten ähnliche Erschließungsmuster auf. Fehlt beispielweise eine Basiserschließung einer Landschaftskammer, erfolgen auch keine Detailerschließungen; Nutzungen erfolgen meist nur extensiv. Dies hat zur Folge, dass Landschaftskammern mit einem „mittleren Erschließungsgrad" von 20 % bis 80 % seltener sind als Landschaftskammern mit hohem Erschließungsgrad (>80 %) oder geringem Erschließungsgrad (<20 %).

F Zusammenfassen von Kern-, Puffer- und Entwicklungszonen zu Beschreibungseinheiten und Inventarisierung

Das Inventar Weißzone besteht aus 83 sogenannten Beschreibungseinheiten. Eine Weißzone (=Beschreibungseinheit) kann sich aus mehreren Kern-, Puffer- und Entwicklungszonen zusammensetzen. Jede dieser Beschreibungseinheiten besteht aus einer Gebiets- und Nutzungsbeschreibung. In diesen werden zahlreiche Themen behandelt (Gebiet: Lage, Landschaftskammern und Infrastrukturen, Geologie, Klima, Tier- und Pflanzenwelt; Nutzung: Landwirtschaft, Forstwirtschaft, Jagd, Tourismus und Erholung, Wasserwirtschaft, Wildbach- und Lawinenverbauung, historischer Bergbau). Eine aussagekräftige topographische Karte mit einem Überblick über die wichtigsten Infrastrukturen und Nutzungen sowie interessante Exkurse zu gebietsspezifischen Themen ergänzen die Beschreibungen. Auf dem Titelblatt sind die wichtigsten Eckdaten einer Weißzone zusammengefasst. Die Netzgraphik ermöglicht einen raschen Vergleich der Weißzonen hinsichtlich ihrer Gesamtfläche, des Anteils der unerschlossenen Fläche, des Anteils der Schutzgebiete, ihrer Konnektivität (Vernetzung mit umgebenden Weißzonen) und der Remoteness. So ist auch eine graphische Gesamtbewertung der Gebiete hinsichtlich dieser Eigenschaften möglich.

G Ergebnisse

Der Erschließungsgrad gibt an, wie weit einzelne Landschaftskammern durch Infrastrukturen erschlossen sind (vgl. o.g. Ausführungen zur Methodik). Nur etwa 6 % der Fläche der Vorarlberger Landschaftskammern sind nicht oder nur geringfügig durch Infrastrukturen erschlossen (Klasse 0–5 %). Etwa 19 % der Fläche der Landschaftskammern sind zu weniger als 20 % erschlossen, entsprechen also wenig bis nicht erschlossenen Landschaftskammern. 40 % der Landschaftskammern (= Kernzonen) weisen eine sehr hohe Infrastrukturdichte mit einem Erschließungsgrad von über 80 % auf (Klasse >80–100) (vgl. Abb. 6):

- 20.171 errechnete Einzugsgebiete wurden zu 681 Landschaftskammern zusammengefasst (UMG 2008: 15).
- 6 % des Vorarlberger Territoriums sind derzeit nicht erschlossen. Knapp ein Drittel der Vorarlberger Landesfläche entspricht wenig bis nicht erschlossenen Natur- und Kulturlandschaften (Weißzonen). 40 % der Landschaftskammern weisen eine sehr hohe Infrastrukturdichte mit einem Erschließungsgrad von über 80 % auf (Kopf/Marlin 2016: 4 ff.).
- 14 % der Weißzonenfläche sind Waldgebiete, 28 % werden landwirtschaftlich genutzt. Mehr als 50 % sind alpines Ödland (Kopf/Marlin 2016: 4 ff.).
- Das Potenzial an besonders wertvollen, schützenswerten Lebensräumen (Biotope und Großraumbiotope) ist in den Weißzonen besonders hoch. In Vorarlbergweit ist knapp ein Drittel der Landesfläche als Biotop oder Großraumbiotop ausgewiesen. In den Weißzonen liegt der Anteil bei fast 50 %.

Abb. 6: Erschließungsgrad der Landschaftskammern in Vorarlberg

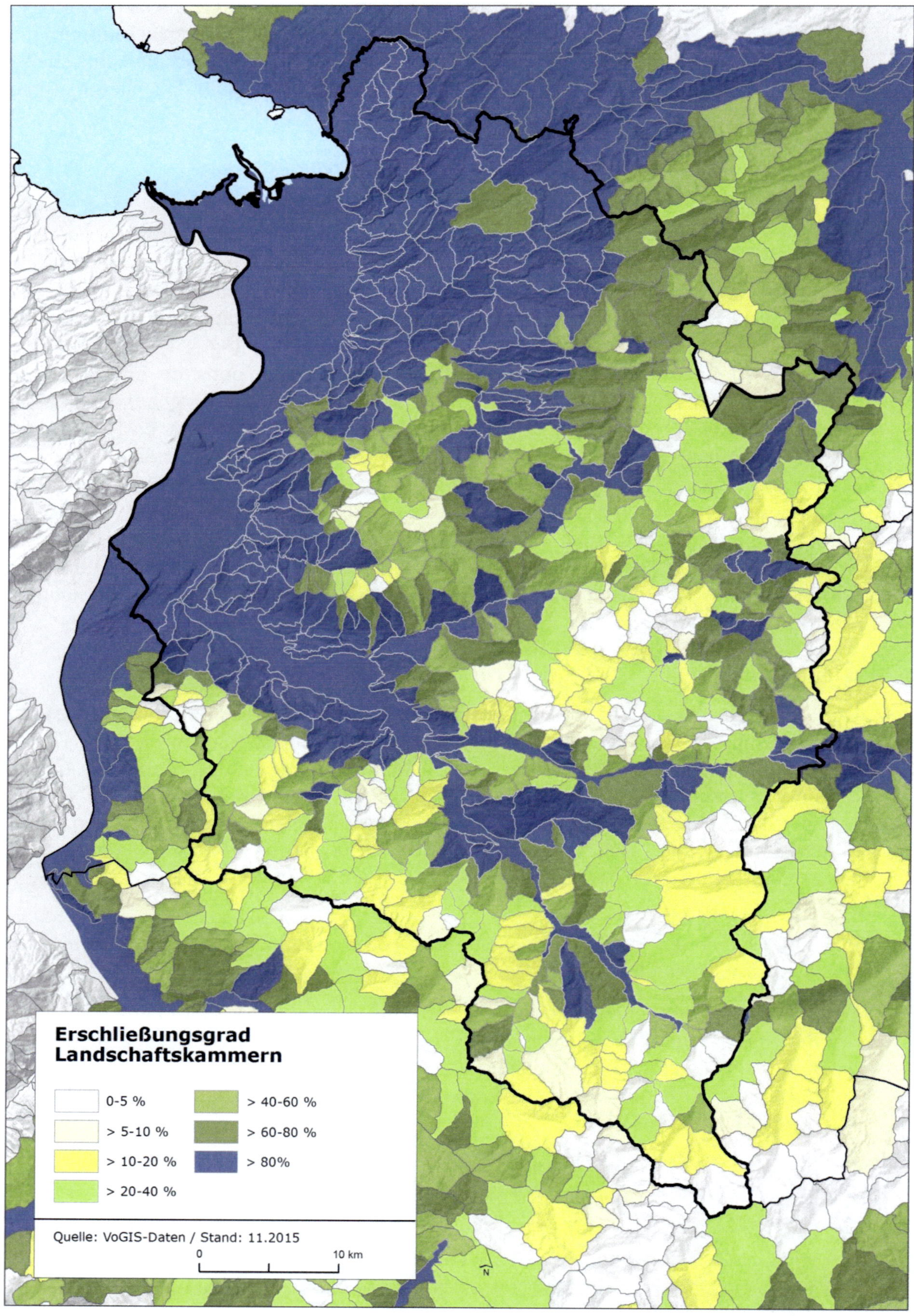

- Etwa 19 % der Landesfläche stehen unter Naturschutz (z. B. Natura 2000, Pflanzenschutzgebiet, örtliches Schutzgebiet). Im Vergleich dazu liegt der Anteil der unter Naturschutz stehenden Flächen in den Weißzonen mit etwa 30 % deutlich höher.
- Heute ist an keinem Ort des Landes der nächste Fahrweg mehr als 2.830 m (Luftlinie) entfernt.
- Im Hinblick auf die touristische Nutzung und den Wert für Erholungssuchende gibt es in den Weißzonen große Unterschiede. Von Variantenabfahrten, beliebten Bergwanderstrecken bis hin zu abgelegenen und nur sporadisch begangenen Rückzugsräumen decken die Weißzonen eine große Bandbreite der Freizeit- und Erholungsnutzung ab. In den Weißzonen befinden sich keine Aufstiegshilfen. Dennoch gehen zahlreiche Nutzungen in den Weißzonen von Seilbahnen in unmittelbarer Umgebung zu Weißzonen aus (z. B. Freeride-Hotspots, Klettergärten).
- Da sich viele der großen Wildtiere Vorarlbergs in die wenig erschlossenen Berggebiete zurückziehen, ist die Bedeutung der im Inventar Weißzone untersuchten Gebiete für die Jagd groß.

Weißzonen Vorarlberg: Von der ersten Idee zum jetzigen Stand der Dinge

In der Studie „Landschaftskammern in Vorarlberg – Abgrenzung und Erschließung“ im Auftrag des Vorarlberger Naturschutzrates (UMG 2008) wurde erstmals der Erschließungsgrad von Landschaftsräumen erhoben und bewertet. Dies sowie die wiederkehrenden Berichte des Vorarlberger Naturschutzrates waren der Ausgangspunkt für das Projekt Weißzone.

Bei der Bearbeitung der verschiedenen Themenfelder des Inventars wurden von Anfang an andere Abteilungen des Landes sowie andere Behörden und Interessenvertreter integriert (vgl. Abb. 7). Im Februar 2015 fand ein Workshop zum Thema „Weißzonen“ an der Universität Innsbruck (Institut für Geographie) statt. In einem wissenschaftlichen Fachkreis verschiedener Disziplinen wurden das Konzept der Weißzonen, die methodische Herangehensweise und der Wert von wenig erschlossenen alpinen Landschaften diskutiert.

Teilaufgaben im Projekt wurden an externe Büros vergeben. Einen erheblichen Einfluss auf das Stimmungsbild um das Projekt Weißzone hatte eine Befragung der wichtigsten Tourismusakteure und Seilbahnunternehmer des Landes. In diesem Zusammenhang wurden erstmals konkrete Karten der inventarisierten Flächen an Personen außerhalb der Landesverwaltung versendet. Dies hatte, trotz des eindringlich kommunizierten Unterschiedes von Inventar und möglicher Umsetzung, einen gravierend negativen Effekt auf die allgemeine Stimmung zum Projekt, dessen Akzeptanz besonders bei den Akteuren im Tourismus damit rapide sank. Aufgrund der Bedeutung des Wintertourismus für das Land Vorarlberg und der befürchteten Einschränkung bei Skigebietsentwicklungen stellten sich einige gemeindliche Entscheidungsträger und Tourismusakteure sofort prinzipiell gegen das Projekt.

Das Versenden und Veröffentlichen von Kartenunterlagen – sowie die Verwendung der Wortpaarung „Inventar Weißzone“ – führte dazu, dass sehr früh über eine Umsetzung diskutiert wurde. Die angestrebte Diskussion über den Wert von unberührten Landschaften wich somit einer emotional geführten Interessendebatte, vielfach ohne Faktenbezug. Es muss festgehalten werden, dass bereits in den ersten Anfängen des Projekts viele kritische Stimmen zur Inventarisierung selbst laut wurden. Statements wie: „Ein Inventar entfaltet eine Wirkung – ob mit oder ohne rechtlichen Hintergrund“, waren häufig zu hören. In diesem Zusammenhang wurde stets auf das Biotopinventar verwiesen, das in Vorarlberg als wichtige Fachgrundlage für Stellungnahmen im Naturschutz dient. Darüber hinaus hatten viele Land- und Forstwirte große Bedenken, dass ihnen nach der Nachnominierung der Natura 2000-Gebiete im Sommer 2016 mit der intendierten Weißzonen-Planung ein weiterer „Stolperstein“ vor die Füße gelegt würde.

Durch die intensive Gegenwehr einflussreicher Akteure wie der Seilbahnbetreiber oder der Landwirtschaft und der meist fehlenden Positionierung wichtiger Partner wie des Naturschutzes, des Alpenvereins oder der Jagdwirtschaft, ist mit einer unmittelbaren Umsetzung nicht zu rechnen. Auch die wichtigsten, weil mit den größten Weißzonenflächen ausgestatteten, (Tourismus-)Gemeinden haben sich bisher meist kritisch gegenüber der Inventarisierung selbst und stets negativ gegenüber einer raumplanerischen Implementierung geäußert. Nicht zuletzt durch die Entschließung des Vorarlberger Landtags vom 13. April 2016, wonach ohne Einverständnis der Gemeinden keine rechtlich verbindliche Ausweisung von Weißzonen stattfinden soll, darf wohl auch eine flächendeckende Umsetzung in naher Zukunft nicht erwartet werden. Allerdings wird derzeit ausgelotet, ob eine Umsetzung in ausgewählten Pilotgebieten möglich ist. Mittels Pilotgebieten sollen konkrete Anforderungen und Zielsetzungen erarbeitet sowie die Umsetzungspraxis getestet werden.

Konfliktträchtige Nutzungsinteressen und die Bedenken von Seilbahnbetreibern, Vertretern der Land- und Forstwirtschaft sowie verschiedenen Grundeigentümern vor möglichen Handlungseinschränkungen haben dazu geführt, dass das Thema „Weißzone" verbreitet sehr kritisch gesehen wird. Obwohl das Projekt generell als sinnvoll empfunden wird, fällt es schwer, den Betroffenen den Wert der naturnahen, unerschlossenen Landschaften an sich und den Sinn einer gesetzlichen Verankerung zu kommunizieren. Trotz vieler innovativer Versuche der Kommunikation nach außen (z. B. Quartettspiel „Wildes Vorarlberg", Informationsveranstaltungen, Miteinbeziehung relevanter Landesabteilungen, Vorstellung des Projekts bei diversen Meinungsvertretern wie Landwirtschafts- und Wirtschaftskammern), konnten der Wert und die Schutzwürdigkeit von wenig erschlossenen alpinen Freiräumen offenbar nur unzureichend erklärt werden. Die klare Trennung von Inventar und Umsetzung wurde entweder nicht wahrgenommen oder das Inventar als Sachstandsanalyse selbst bereits als Einschränkung gesehen. Die Tatsache, dass die inventarisierten Gebiete heute noch unerschlossen sind, wird häufig als Argument dafür gesehen, dass die Gemeinden und die Bevölkerung der Talschaften über Jahrhunderte nachhaltig mit ihrem Grund und Boden umgegangen sind. Aus derzeitiger Sicht soll noch im Jahr 2017 ein Inventar „Weißzone" veröffentlicht werden. Dieses hat keine raumplanungsgesetzliche Verbindlichkeit, bildet aber eine wichtige Fachgrundlage für Gutachten von Sachverständigen.

Zuletzt muss kritisch hinterfragt werden, ob trotz besserer Ausgangsbedingungen und einer intensiven Aufklärung und Bewusstseinsbildung der Öffentlichkeit eine landesweite raumplanerische Umsetzung von Weißzonen möglich gewesen wäre. Die kritische Haltung der Gemeinden gegenüber einer landesweiten Verordnung, welche die Gemeinden in ihrer Planungshoheit einschränkt, ist nachvollziehbar. Ein breiter Beteiligungsprozess von diversen Interessengruppen mit oft völlig konträren Standpunkten (z. B. Seilbahnunternehmen) macht eine landesweite Planung von Freihalteflächen zur politischen Gratwanderung.

Abb. 7: Projektfahrplan Weißzone 2008–2017

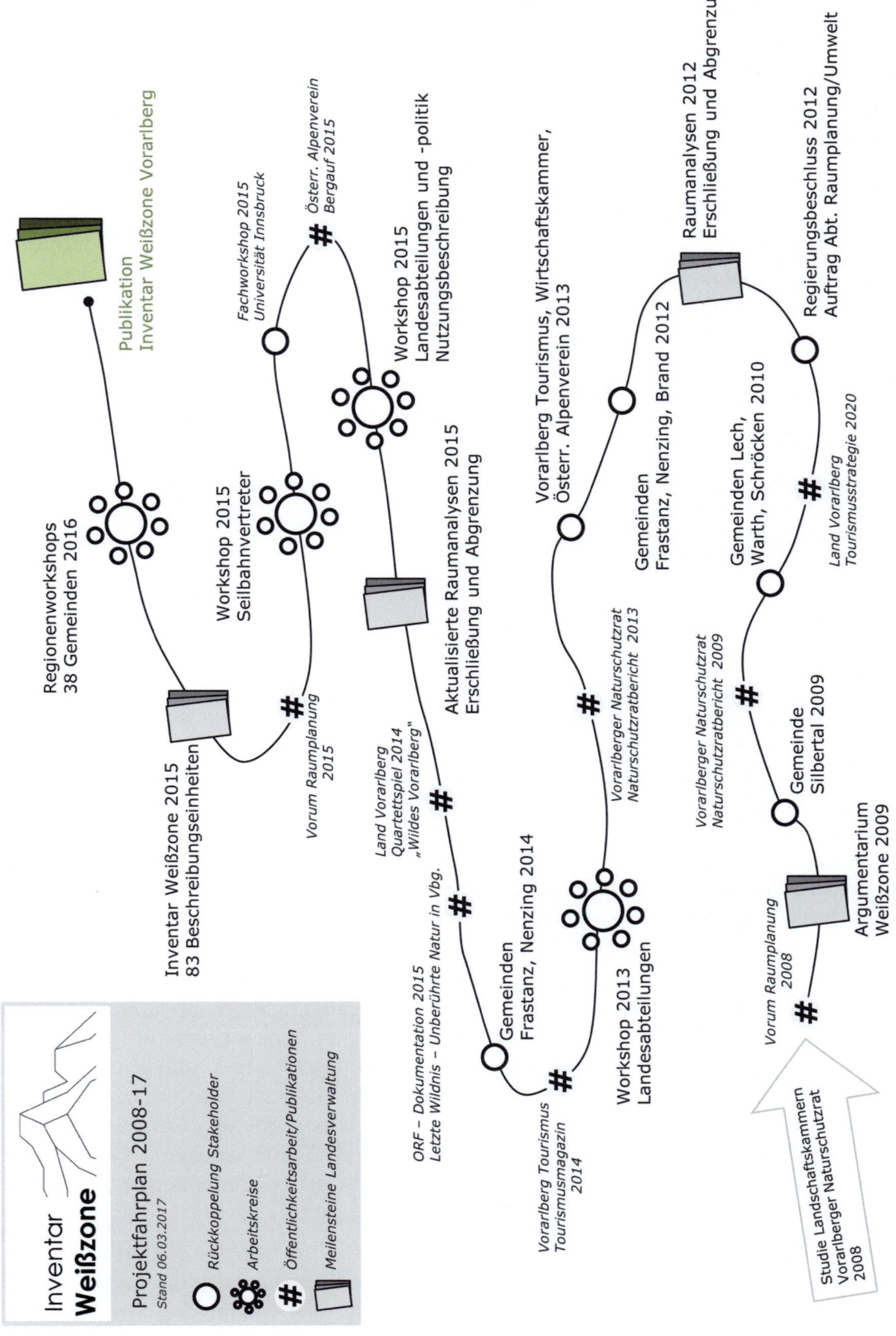

6.3 Unerschlossene Gebiete in Südtirol

Ziel des Projekts „Unerschlossene Gebiete in Südtirol" ist die Identifizierung von unerschlossenen Gebieten bzw. der in den erschlossenen Gebieten vorhandenen Restflächen. Das Projekt wurde durch die Autonome Provinz Bozen – Südtirol finanziell gefördert und die Ausarbeitung erfolgte durch das Büro Trifolium in Zusammenarbeit mit dem Naturmuseum Südtirol. Unerschlossene Gebiete sind Freiflächen, die nicht von Infrastrukturen erschlossen sind, das heißt zwar frei von Infrastruktur, aber nicht ohne ökologische Auswirkungen benachbarter Infrastruktur (Kußtatscher/Breitenberger 2010: 3). Grundsätzlich kann von einem landschaftsökologischen Ansatz gesprochen werden, auch, weil für Südtirol keine Biotopkartierung vorliegt. Es war nicht das Ziel der Untersuchung, allgemeine Aussagen zu Fragmentierungen und Zerschneidungen zu treffen, sondern die natürlichen Restflächen in Südtirol ohne Infrastruktur zu ermitteln (Kußtatscher/Breitenberger 2010: 35). Dafür wurden vorwiegend Verkehrsinfrastrukturen sowie Siedlungsflächen berücksichtigt (vgl. Tab. 6).

Tab. 6: Einbezogene Infrastrukturen

Einbezogene Infrastrukturen
Autobahn, Eisenbahn, Staatsstraßen, Landesstraßen, Gemeindestraßen, Radwege, Forst- und Almwege, Güterwege, Privatstraßen, weitere Straßeninfrastrukturen und Straßen „im Bau" sowie Siedlungsgebiete

Quelle: Breitenberger (2010: 3 ff.)

Der Datensatz der Verkehrswege wurde vom Amt für überörtliche Raumordnung der Autonomen Provinz Bozen – Südtirol zur Verfügung gestellt. Die verschiedenen Elemente (Autobahn, Radweg, Forstweg etc.) wurden zu einer Kategorie zusammengefasst. Wanderwege und Tunnel konnten nicht berücksichtigt werden, da die Datenbasis für diese zu lückenhaft ist (Kußtatscher/Breitenberger 2010: 36 ff.). Touristische Infrastrukturen wie Skipisten, Aufstiegsanlagen und Wanderwege wurden lediglich für eine spätere Visualisierung verwendet (Kußtatscher/Breitenberger 2010: 45). Die Datengrundlage der Siedlungen wurde aus dem WebGIS der Autonomen Provinz Bozen – Südtirol extrahiert (Kußtatscher/Breitenberger 2010: 45). Als Ausgangslage dient die Landesfläche von Südtirol als Polygonfläche (Kußtatscher/Breitenberger 2010: 47). Anschließend wurden die Verkehrsinfrastrukturen (Polyline) mit einem einheitlichen 5-m-Puffer versehen. Die verschiedenen gepufferten Infrastrukturklassen wurden mit dem Südtirol-Polygon verschnitten (Kußtatscher/Breitenberger 2010: 47). Im folgenden Bearbeitungsschritt wurden die Siedlungsgebiete ohne Puffer von der Fläche abgezogen, um abschließend die bis dato unerschlossenen Gebiete herauszuarbeiten (Kußtatscher/Breitenberger 2010: 52). Abschließend wurden alle Gebiete kleiner als 100 ha ausgeschlossen und die Analyse mithilfe von Orthofotos aus dem Jahr 2006 überprüft und bereinigt. Diese kleinen Gebiete entsprechen etwa 11 % der Gesamtfläche aller identifizierten Gebiete (Kußtatscher/Breitenberger 2010: 52 f.). Insgesamt wurden 487 unerschlossene Gebiete mit einer Gesamtfläche von 6.245 km² identifiziert (Kußtatscher/Breitenberger 2010: 55). Diese bilden rund 84 % der Landesfläche Südtirols ab (vgl. Abb. 8).

Die größten unerschlossenen Gebiete befinden sich im Norden Südtirols, an der Grenze zu Österreich im Vinschgau und im Tauferer Ahrntal in höheren Lagen des Alpenhauptkamms sowie der Ortler-Gruppe. Unerschlossene Gebiete mit kleineren Flächen können vorwiegend im Gebiet zwischen dem urbanen Raum um Meran und Brixen, in der Umgebung von Sulden und teilweise in den Dolomiten lokalisiert werden, wobei die dortige hohe verkehrsinfrastrukturelle Erschließung deutlich zu erkennen ist. Das Etschtal im Westen und Süden und die Täler der Flüsse Eisack und Rienz im Norden und Osten Südtirols zerschneiden die Landschaftsräume deutlich und sind erschlossen. Großflächig erschlossen sind auch die Agglomerationen Bozen, Meran und Brixen. Um diese Räume sind die unerschlossenen Gebiete in Bezug zur Flächengröße deutlich kleiner und vor allem die kleinsten unerschlossenen Gebiete erscheinen punktuell dispers im Raum gestreut (vgl. Abb. 8).

Im Rahmen der Untersuchung erfolgte eine Einteilung der unerschlossenen Gebiete in sechs Größenklassen. Die beiden kleinen Klassen weisen eine Größe von 100–500 ha bzw. 500–2.000 ha, die mittleren 2.000–10.000 ha und 10.000–50.000 ha, die zwei großen Klassen 50.000–100.000 ha und 100.000–120.000 ha auf (Kußtatscher/Breitenberger 2010: 56). Am häufigsten sind dabei die unerschlossenen Gebiete mit einer Fläche von 100 bis 500 ha. Gemeinsam mit den Gebieten der Größe von 500 bis 2.000 ha decken diese etwa 23 % aller identifizierten unerschlossenen Gebiete und etwa 19 % der Landesfläche ab (n=461). Die beiden mittleren Größenklassen zählen insgesamt 23 Gebiete (zirka 29 % aller Gebiete und 25 % der Landesfläche). Die beiden großen Klassen bilden zusammen 48 % aller unerschlossenen Gebiete und 40 % der Landesfläche ab (n=3). Bei der kleinsten Klasse der unerschlossenen Gebiete (100–500 ha) ist eine Durchschnittsgröße von 206,5 ha zu ermitteln. Sie werden zu 71 % von Wald, zu 22 % von Kulturland und zu 5 % von Grasland bedeckt (Kußtatscher/Breitenberger 2010: 58). Die nächstgrößere Gebietskategorie weist einen ähnlichen Anteil an Waldfläche (73 %), Kulturland (12 %) und Graslandflächen (9 %) auf. Die durchschnittliche Größe beträgt 948 ha (Kußtatscher/Breitenberger 2010: 56 ff.). Großflächige Gebiete (>50.000 ha) gibt es folglich nur wenige (Breitenberger 2010: 3 f.). In den weiteren größeren Klassen steigt die Durchschnittsgröße der unerschlossenen Gebiete von 3.856,87 ha (2.000–10.000 ha) auf 17.371,11 ha (10.000–50.000 ha). Die Klasse von 50.000 bis 100.000 ha weist nur ein Gebiet mit einer Größe von 66.520,95 ha auf. Die größten Gebiete (Klasse 100.000–120.000 ha) sind zu 31 % von Fels, Gletscher und Lockermaterial, zu 28 % von Grasland und zu 34 % von Wald sowie zu 5 % von Kulturland bedeckt (Kußtatscher/Breitenberger 2010: 59 ff.).

Abb. 8: Unerschlossene Gebiete Südtirols

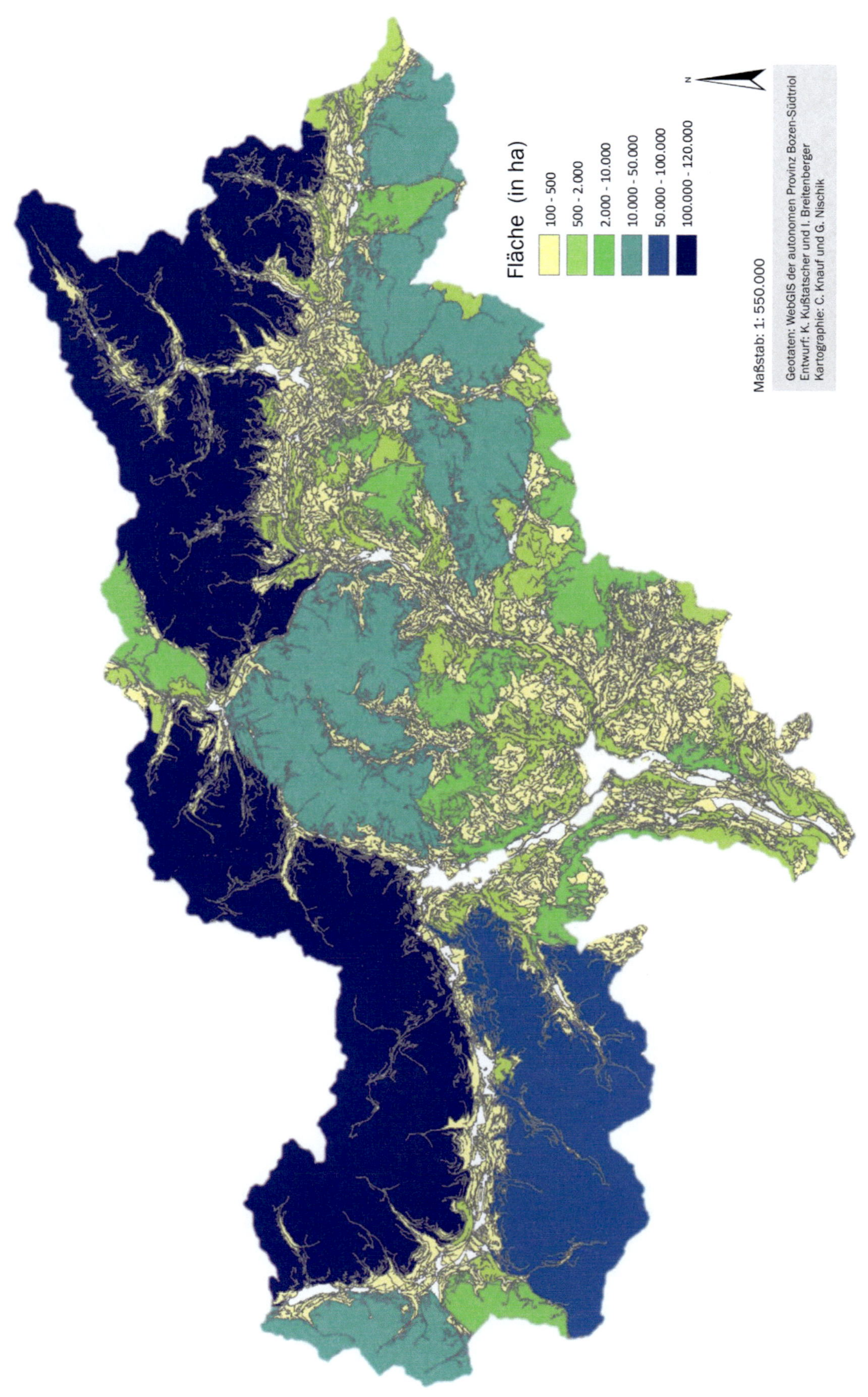

Zusammenfassend lässt sich zur Bodenbedeckung sagen, dass die Waldflächen dominieren (ausgenommen Klasse 10.000–50.000 ha). In den Klassen bis 10.000 ha bedecken diese über 50 %, in den Klassen von 50.000 bis 120.000 ha mehr als 75 %. Gletscher- und Felsflächenanteile (einschließlich Lockersteinmaterial) nehmen von den kleinen zu den großen Gebietsgrößen konstant zu. Kulturland prägt die großen Gebiete weniger als die kleineren. Gewässer und Feuchtgebiete prägen alle Räume nur geringfügig. Die kleineren unerschlossenen Gebiete (100–2.000 ha) liegen in tieferen oder mittleren Lagen. Dies spiegelt sich im großen Anteil an Kulturland und im geringen Anteil an Grasland, Fels, Gletscher und vegetationslosem Lockermaterial wider (Kußtatscher/Breitenberger 2010: 64). Flächenmäßig große unerschlossene Gebiete gibt es in Südtirol nur noch wenige (vor allem in den höheren Lagen). Die unerschlossenen Gebiete stellen hier allerdings eine Voraussetzung für Biodiversität dar, da sie Rückzugsgebiete für Arten und Populationen bieten. Besonders in den Talgebieten ist aufgrund weiterer Erschließungen großes Konfliktpotenzial gegeben. Deswegen sollten diese unerschlossenen Gebiete Gegenstand weiterer Diskussionen in Planungsprozessen sein. Auffällig in Südtirol ist die hohe Straßendichte mit 2,56 Straßenkilometern pro km^2 Landesfläche. Dabei sind häufig sogenannte Stichwege zu beobachten. Dies sind Wege, die in ein Gebiet „einschneiden", dieses aber nicht vollkommen durchqueren. Sie enden somit inmitten eines unerschlossenen Gebiets. Areale innerhalb der unerschlossenen Gebiete, in denen keine Stichwege zu finden sind, werden als Kerngebiete bezeichnet. Auch bei dieser Untersuchung wird „Unerschlossenheit" aber nicht mit „Unberührtheit" gleichgesetzt. Auch diese Gebiete sind nicht gänzlich frei von menschlichem Einfluss. Unerschlossen meint also nur „frei von Verkehrsinfrastruktur". Besonderes Augenmerk soll zukünftig auf die unerschlossenen (kleinflächigen) Gebiete in den Talböden sowie die (mittelgroßen) Gebiete in Hanglagen gelegt werden (Breitenberger 2010: 3 ff.).

Ein großes Problem für Südtirol stellt die weitere Erschließung von Freiräumen durch Skigebiete dar. Die Seilbahnbranche befindet sich im „Höhenrausch". „‚So viel, wie derzeit in Südtirol erneuert und liftmäßig gebaut wird, wird in ganz Trentino, Belluno und Aostatal nicht errichtet', heißt es im Landesamt für Seilbahnen" (Larcher 2016: 34). Das Geschäftsmodell, stark zu investieren, ist dabei altbekannt. Es stellt sich aber zwingend die Frage, ob die Zukunft des Skitourismus angesichts der Klimaveränderung (wärmere und schneeärmere Winter), gestiegener Betriebskosten (technische Beschneiung) und der rückläufigen Anzahl an Skifahrern durch kontinuierliche hohe Investitionen und durch massive Eingriffe in die Natur überhaupt positiv bzw. nachhaltiger gestaltet werden kann. Durch die hohen Ausgaben für Seilbahnen und Skilifte werden sich Profite erhofft. Aber: „Zu glauben, dass die skitechnische Erschließung oder eine Skiverbindung die Lösung für jedes strukturschwache Gebiet ist, halte ich für falsch" (Landeshauptmann Arno Kompatscher) (Larcher 2016: 35). Gerade mit „sanftem" Tourismus – so zeigen Untersuchungen – lassen sich hingegen Gewinne erzielen (Larcher 2016: 27 ff.).

6.4 Naturnahe Freiräume in der Schweiz

Die Nutzungsintensität in alpinen Freiflächen und der Nutzungsdruck auf sie und somit auf (noch) unerschlossene und naturnahe Landschaftsräume in den Schweizer Alpen ist hoch. In „der Schweiz [existieren] kaum mehr Orte, die nicht in irgendeiner Weise von Menschen umgestaltet wurden" (BAFU/WSL 2013: 8 f.), nicht anders als in den anderen Alpenstaaten. Hinzu kommt, dass die Topographie eine hohe Reliefenergie aufweist, damit Flächennutzung und Raumentwicklung stark einschränkt und Boden als Standort für beliebige Nutzungen nur in begrenztem Maße zur Verfügung steht. Die Schweizer Alpen sind Lebens- und Erholungsraum und stehen vor der Herausforderung, dass einerseits die Naturlandschaft und das Kulturerbe geschützt sowie andererseits Tourismus, Energiegewinnung und andere (wirtschaftliche) Entwicklungen gefördert werden sollen. Darum müssen die vielseitigen Interessen der unterschiedlichen Akteure abgewogen und dabei möglichst die Flächeninanspruchnahme reduziert und zugleich die weitere Landschaftszerschneidung verhindert werden. Daraus ergibt sich für die Raumplanung unter anderem die Aufgabe, die (noch) naturnahen Freiräume zu schützen.

Die Analyse des Schweizer Alpenraums wurde von der Eidgenössischen Forschungsanstalt für Wald, Schnee und Landschaft (WSL) durchgeführt. Das Untersuchungsgebiet sind die Schweizer Alpen gemäß der Gebietsfestlegung der Alpenkonvention mit folgenden Kantonen: Graubünden, Uri, Tessin, Wallis, Waadt, Freiburg, Bern, Luzern, Obwalden, Nidwalden, Schwyz, Glarus, St. Gallen, Appenzell Innerrhoden und Appenzell Ausserrhoden. Die Untersuchung verfolgt das Ziel, die (noch) vorhandenen, naturnahen Freiräume (und die überformten Freiräume sowie bebauten Räume) der Schweiz mittels GIS-gestützter Analysen zu identifizieren und nach Quantität und Qualität zu bewerten. Im Wesentlichen umfasst die (GIS-)Analyse vier Arbeitsschritte:

- (Methodische) Operationalisierung von naturnahen Freiräumen (vgl. Kapitel 2)
- Klassifizierung der raumwirksamen Störwirkung von Objekten in der Landschaft durch differenzierte Auswahl und Pufferung der Infrastrukturen
- Ermittlung des infrastrukturellen Erschließungsgrades der einzelnen Teilräume
- Identifizierung der naturnahen und überformten Freiräume im Untersuchungsraum sowie Typisierung aller Landschafträume der Schweizer Alpen abhängig von deren infrastrukturellem Erschließungsgrad in „naturnahe Freiräume“ „überformte Freiräume“ und „bebaute Räume“

Um den Erschließungsgrad von Landschafträumen und die raumwirksame Störwirkung von Infrastrukturen zu ermitteln (methodisches Fundament der Analyse), gilt es, zunächst Raumeinheiten der Schweiz als Referenzfläche abzugrenzen. Die Abgrenzung dieser Raumeinheiten erfolgt auf Basis hydrologischer Teileinzugsgebiete des Schweizer Bundesamts für Umwelt (BAFU 2016). Der Vorteil dieser Methode ist, dass sich die Auswertung nicht an administrativen Grenzen, sondern an hydrogeographischen Raumeinheiten orientiert, da Landschaftsräume, Freiräume sowie Natur- und Kulturlandschaften stark von anthropogen verursachter Landschaftsüberformung und zugleich menschlichen Wahrnehmungsräumen geprägt werden. Um die Höhenstufen und Hangneigungen zu erfassen, wird darüber hinaus das digitale Höhenmodell swissALTI3D (ohne Bewuchs und Bebauung) aus dem Jahr 2014 mit einer Maschenweite von zwei Metern und dem Schweizer Koordinaten- bzw. Höhensystem LV03 bzw. LN02 herangezogen.

Die Datenbasis für die Analyse der Infrastrukturen stellen alle Infrastrukturdatensätze des Topografischen Landschaftsmodells (TLM) Schweiz dar. Das TLM mit dreidimensionalen Geodaten bildet die Grundlage für die landesweite Geodatenherstellung (Nachführungszyklus alle sechs Jahre) und wird direkt auf Basis von Luftbildern erfasst (Bundesamt für Landestopografie Swisstopo 2017). Es handelt sich dabei um klassifizierte Infrastrukturdatenbanken (z. B. Freizeitareale), die sich wiederum aus verschiedenen Elementen (z. B. Campingplätze, Golfplätze, Sportplätze) zusammensetzen.

Folgende Infrastrukturdatenbanken des Topografischen Landschaftsmodells wurden für die Analyse berücksichtigt: Freizeitareale, Nutzungsareale, Verkehrsareale, Gebäude, Hochspannungsleitungen, Lineare Sportbauten und Sportplätze, Punktuelle Versorgungsbauten, Staubauten, Eisenbahn (Tunnel herausgerechnet), Aufstiegshilfen, Straßen (Tunnel herausgerechnet).

Grundsätzlich können Punkt-, Linien- und Flächeninfrastrukturen (z. B. Antennen, Straße, Flugplatz) sehr unterschiedlich im Raum wirken und es muss entschieden werden, ob diese technische Infrastruktur als „störend" oder „nicht störend" für den naturnahen Freiraumcharakter einzustufen ist. Dabei ist zu beachten, dass eine Infrastruktur im Bezug zur ökologischen und landschaftsästhetischen Freiflächeninanspruchnahme immer auch über die eigentliche Flächenerschließung hinauswirkt. Je höher diese raumwirksame Störwirkung ist, desto größer muss um die Infrastruktur herum gepuffert werden. Diese Störwirkung kann hauptsächlich mit physikalischen Kriterien sowie der subjektiven Wahrnehmung gemessen werden. Da die naturnahen Freiräume beispielsweise für Zwecke der Erholung sowie für Land-, Jagd- und Forstwirtschaft (also eine naturnahe Nutzung) zu erhalten sind, lassen sich hinsichtlich der Raumwirksamkeit nicht störende Infrastrukturen, wie etwa Gipfelkreuze, nicht versiegelte Wege bis zwei Meter Breite, Baumschulen, religiöse und historische Bauten identifizieren (vgl. Tab. 7), die folglich für die Ermittlung des Erschließungsgrades und Puffer nicht berücksichtigt werden und für die beabsichtigte Funktion der naturnahen Freiräume irrelevant sind.

Tab. 7: Nicht störende Infrastrukturen

Nicht störende Infrastrukturen
2-m-Weg, 2-m-Wegfragment, 1-m-Weg, 1-m-Wegfragment, Markierte Spur, Klettersteig, Baumschule, Friedhof, Historisches Areal, Historischer Bau, Kapelle, Sakraler Turm, Sakrales Gebäude, Denkmal, Fähre, Autofähre, Personenfähre, Campingplatz, Öffentlicher Park, Obstanlage, Wald nicht bestockt, Bildstock, Brunnen, Gipfelkreuz, Grotte, Höhle, Quelle, Triangulationspyramide, Wasserfall, Wasserversorgung, Wasserbecken, Gewässerverbauung, Lawinenverbauung, Bisse Suone, Druckstollen, Mauer, Transportseil

Die qualitative Ausdifferenzierung der Störeffekte von sowohl punkt-, linien- als auch flächenhafter Infrastruktur wurde durch die „Landschaftsbeobachtung Schweiz" (LABES) abgebildet. LABES ist ein Programm des Bundesamtes für Umwelt (BAFU) mit dem Ziel, Zustand und Entwicklung der Landschaft in der Schweiz anhand von 30 bis 40 periodisch erhobenen Parametern und Wahrnehmungskonzepten (z. B. Zersiedelung, Bodenversiegelung, Lichtemissionen) zu erfassen. Letzteres betreffend wurden sowohl die physischen als auch die symbolischen/ästhetischen Aspekte der Landschaft und Infrastruktur durch eine Befragung von 2.814 Haushalten in allen Kantonen der Schweiz bewertet (BAFU/WSL 2013: 19 f.). Für die Analyse der (Stör-)Wirkung wurden zunächst die Befragungsergebnisse zur Wahrnehmung von Infrastrukturen in der Landschaft zugrunde gelegt. Neben der subjektiven Einordnung durch diese quantitative Befragung kann aus der Lärmausbreitung[18] entlang von Verkehrsflächen (Straßen und Eisenbahn) die raumwirksame Störwirkung der Verkehrsinfrastruktur abgeleitet werden. Basis bildet der Grenzwert von 55 dB, der für Erholung definiert wird (BAFU 2009: 14). Dabei wurde exemplarisch die Lärmausbreitung von Eisenbahntrassen analysiert und die durchschnittliche Entfernung von der Trasse bis zur Erreichung des besagten Lärmgrenzwertes ermittelt. Beispielsweise wurden Eisenbahnen der Normalspur mit 500 Metern und Klein- und Schmalspurbahnen mit 200 Metern gepuffert. Visuelle Störeffekte wurden in der Analyse nicht berücksichtigt.

[18] Worst-Case-Szenario = Lärmausbreitung tagsüber im Sommer gemessen = „SonRail_day", angesetzter Grenzwert von 55 db (BAFU 2016: o. S).

Nach mehreren Modellläufen wurde festgestellt, dass die Veränderung der Pufferklassen nur geringfügigen Einfluss auf das Gesamtbild der räumlichen Struktur (räumliche Ausdehnung und Verortung) hat, wenn beispielsweise die größte Pufferklasse von 1.000 auf 1.500 m erweitert wird. Die Puffer und die Klassifizierung der Raumtypen wurden sowohl in den Modellläufen als auch in der eigentlichen Untersuchung stichprobenartig mithilfe von detaillierten Luftbildern auf Plausibilität überprüft. Jede der berücksichtigten und als störend eingestuften Infrastrukturen wurde je einer Pufferklasse zugeordnet, ihr Wirkungsbereich berechnet und zu einem Infrastrukturpolygon zusammengefasst. Alle Polygone derselben Pufferklasse wurden anschließend mit den ArcGIS Data Management Tools „merge" und „dissolve" zu einem zusammenhängenden Polygon verbunden, mit dem Ergebnis von vier Polygon-Layern der vier Pufferklassen. So wurde die Gesamtheit raumwirksamer Infrastrukturen aller Klassen nach „Störeffekt" ermittelt:

- Pufferklasse „25 m": In dieser Klasse werden alle Gebäude zusammengefasst, die meist wenig oder keine direkten Emissionen ausstoßen, wobei fast jedes Gebäude an das Verkehrsnetz angebunden ist und so indirekt Emissionen versursacht werden. Die Verkehrsflächen selbst werden meist der Pufferklasse 2 (200 m) zugeordnet.
- Pufferklasse „200 m": Hierbei handelt es sich um die Standardklasse für Areale mit zum Teil störenden Lärmemissionen, z. B. Freizeitareale, Campingplätze, Sportbauten, Staudämme, Kleinbahnen, drei bis acht Meter breite Straßen.
- Pufferklasse „500 m": In dieser Klasse wird die störende Infrastruktur mit erhöhter Lärmbelastung und Luftemissionen gebündelt, wie z. B. Abwasser, Deponien, Abbaugebiete, Normalspur-Eisenbahnen, Landstraßen, Seilbahnen/Skilifte (großer Puffer bei Skigebieten, um die Pistenführung zu berücksichtigen).
- Pufferklasse „1.000 m": In dieser Klasse werden alle extrem störenden Infrastrukturen mit erheblichen Emissionen subsumiert, wie z. B. Flughafen und Heliport, Autobahn, Kraftwerk.

Tabelle 8 fasst die verschiedenen (technischen) Infrastrukturen der vier Pufferklassen zusammen.

Tab. 8: (Technische) Infrastrukturen nach den vier Pufferklassen

Pufferklasse	Berücksichtigte „störende" Infrastrukturen
25 m	Alle Gebäude
200 m	Freizeitanlage, Golfplatz, Pferderennbahn, Schwimmbad, Sportplatz, Standplatz, Zoo, Antennenareal, Messe, Schrebergarten, Schule, Hochschule, Spital, Öffentlicher Parkplatz, Privates Fahrareal, Privatparkplatz, Rastplatz, Verkehrsfläche, Hochspannungsleitung, Bobbahn, Laufbahn, Pferderennbahn, Rodelbahn, Scheibenstand, Skisprungschanze, Sportplatz, Druckleitung einfach, Druckleitung mehrfach, Antenne, Staudamm, Staumauer, Wehr, Kleinbahn, Schmalspur, Förderband, 6-m-Straße, 4-m-Straße, 3-m-Straße, Platz, Zufahrt, Straßenverbindungen
500 m	Abwasserreinigung, Deponie, Kiesabbau, Lehmabbau, Steinbruch, Windturbine, Normalspur, Schmalspur mit Normalspur, Gondelbahn, Luftseilbahn, Sesselbahn, Skilift, Autostraße, 10-m-Straße, 8-m-Straße, Autozug
1.000 m	Kraftwerk, Flugfeld, Flughafen, Flugplatz, Heliport, Graspiste, Hartbelagspiste, Perron, Rollfeld Gras, Rollfeld Hartbelag, Autobahn, Einfahrt, Ausfahrt, Raststätte, Dienstzufahrt

Der Erschließungsgrad eines Teileinzugsgebietes ergibt sich aus einer Überlagerungsanalyse der Fläche der raumwirksamen Infrastruktur (mit verschiedenen Puffern) mit der Gesamtfläche der Raumeinheit. Somit wurden für die Landschaftsräume bzw. Teileinzugsgebiete der Schweizer Alpen der jeweilige infrastrukturelle Erschließungsgrad berechnet und die naturnahen und überformten Freiräume im Untersuchungsraum identifiziert und vom bebauten Raum (Erschließungsgrad >20 %) abgegrenzt. Dieser Grenzwert fußt auf der Überlegung, dass etwa 80 % einer Landschaft nicht (raumwirksam) erschlossen sein sollte, um ein naturnahes oder naturähnliches Bild für den Menschen zu vermitteln. Dabei ist generell festzustellen, dass die Sensitivität relativ gering ist. Wird der Schwellenwert (im Sinne von erschlossen und nicht erschlossen) herauf- oder herabgesetzt (hier z. B. 30 % oder 15 %), verändert sich das räumliche Gesamtbild nur unwesentlich.

Es wurden folgende Raumtypen ermittelt:

- „Naturnaher Freiraum“: Dieser Raumtyp wird mit einem Erschließungsgrad von 0 % an „störender“ Infrastruktur beschrieben. Dieser Wert ist so streng angesetzt, da „nicht störende“ Infrastrukturen bereits vor der Berechnung des Erschließungsgrades ausgeschlossen worden sind, was zu einer geringeren Fehlertoleranz aufgrund differenzierter Betrachtung der Infrastrukturen führt.
- „Überformter Freiraum“: Überformte Freiräume weisen einen Erschließungsgrad von 0,1 % bis 20 % an „störenden“ Infrastrukturen auf. Somit können diese als potenziell gefährdete Räume eingestuft werden, da der Erschließungsgrad generell steigt. Hier besteht eine hohe Wahrscheinlichkeit, dass der Raum bald von weiteren baulichen Erschließungen mit raumwirksamen Störeffekten betroffen ist und dann dem dritten Raumtyp zuzurechnen wäre.
- „Bebauter Raum“: Ein Erschließungsgrad von über 20 % an „störender“ Infrastruktur disqualifiziert die Landschaftsräume als naturnahe Freiräume und zeigt durch eine raumwirksame Störwirkung die erhöhte/zunehmende anthropogene Einflussnahme auf den Raum.

Es wurden nur Landschaftsräume betrachtet, die eine Größe von mehr als zwei Hektar aufweisen. Damit wurde zum einen berücksichtigt, dass Gebiete ab dieser Größe als Rückzugsraum für Wildtiere fungieren, obwohl auch kleinere Flächen durchaus ökologisch wertvoll sein können. Zum anderen benötigen Landschaften eine Mindestgröße, um die Erholungsfunktion und das Gefühl von Naturerfahrung, Erholung und Erlebbarkeit zu ermöglichen. Da sich die Schweizer Freiräume stark unterscheiden (z. B. hinsichtlich Erreichbarkeit, Abgeschiedenheit, Relief, Erschließungsgrad, Ruhe, Sportinfrastruktur), gibt es verschiedene Räume für unterschiedliche naturnahe Freizeit- und Erholungsnutzungen. Um ökologische Verbundwirkung und Konnektivität (vgl. Kapitel 2.1) zu berücksichtigen, werden die nebeneinanderliegenden Flächen desselben Raumtyps (gleiche Klasse von Erschließungsgrad) zu größeren zusammenhängenden Raumeinheiten zusammengefasst.

Abb. 9: Raumtypen der Schweizer Alpen

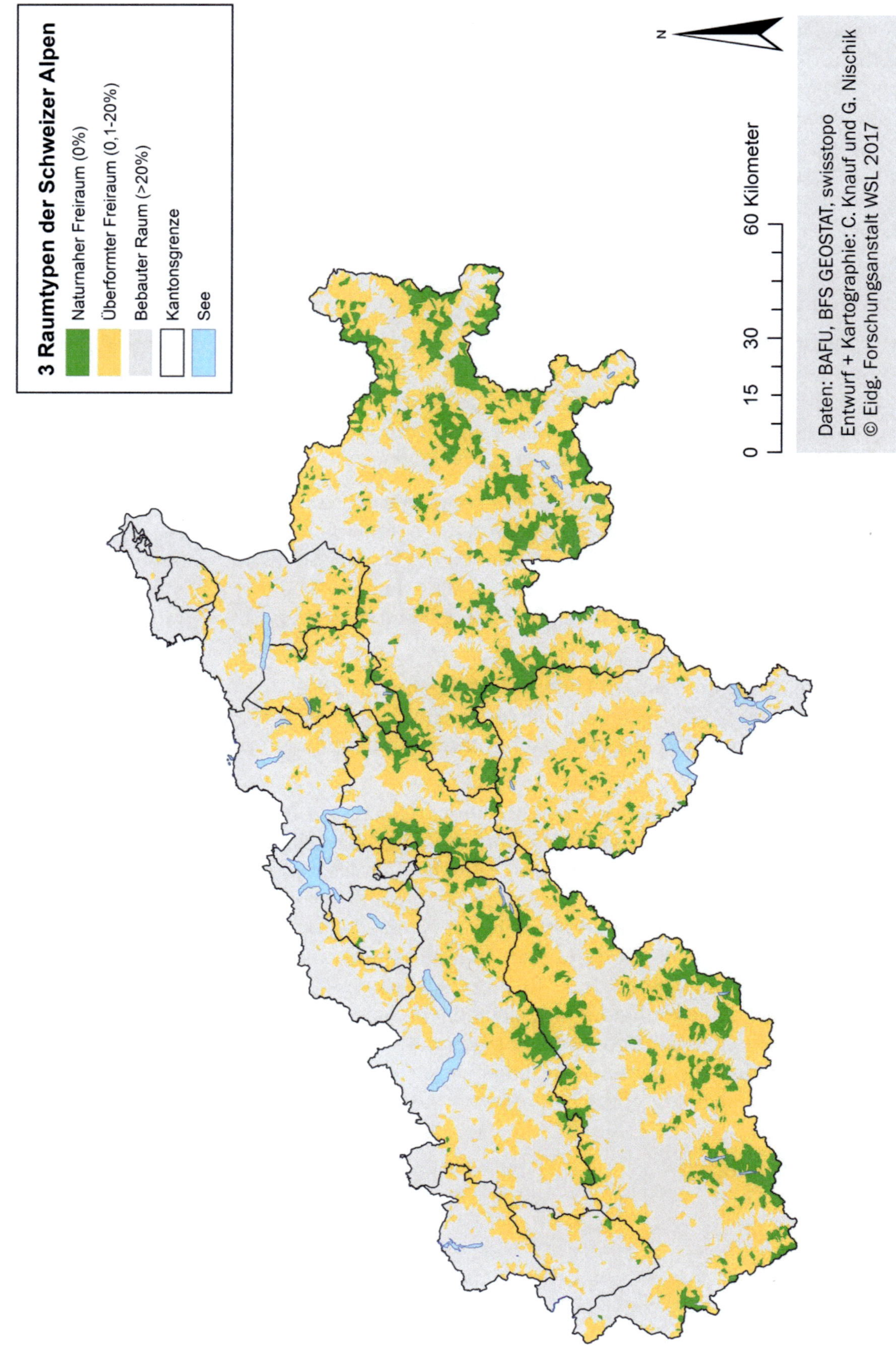

In den Schweizer Alpen wurden (vgl. Abb. 9) insgesamt 415 „naturnahe Freiräume“ mit einer Gesamtgröße von 2.548,6 km² identifiziert. Durchschnittlich weisen diese eine Größe von 61,4 ha auf und umfassen zusammengenommen 10,1 % des gesamten Schweizer Alpenraums. Die 1.075 „überformten Freiräume“ kennzeichnen sich durch eine durchschnittliche Größe von 87,0 ha und umfassen insgesamt eine Fläche von 9.349,4 km². Das sind 37,1 % des Schweizer Alpenraums. Die geringe Gesamtanzahl der „bebauten Räume“ (n=85) ist auf das methodische Vorgehen („Dissolve-Funktion“) zurückzuführen, wonach die Räume desselben Typs zusammengefasst worden sind. Insgesamt ist dies die größte Kategorie mit einer Gesamtfläche von 13.299,0 km² und 52,8 % des Alpenraums der Schweiz. Die Angabe der Durchschnittsgröße lässt hier keine sinnvolle Aussage zu. Der bebaute Raum weist überwiegend einen hohen Erschließungsgrad auf (>60 %).

Im Folgenden soll die räumliche Verteilung der verschiedenen Raumtypen näher beschrieben werden. Augenscheinlich liegen naturnahe und bereits überformte Freiräume nahe beieinander. Naturnahe Freiräume werden von überformten Freiräumen umschlossen. Die überformten Freiräume bilden einen (räumlichen) Übergangsbereich zwischen naturnahen Freiräumen und bebauten Räumen. Diese naturnahen Freiräume liegen vor allem entlang des Alpenhauptkamms, der klar erkennbar ist: Berner Oberland, Walliser Alpen im Südwesten und Kanton Graubünden östlich. Letzterer weist vor allem im Südsüdwestteil einen hohen Anteil an naturnahen Freiräumen auf, allerdings durchtrennt das Engadin diese Freiraumstrukturen. Im gesamten Untersuchungsgebiet sind die Talräume als bebauter Raum erkennbar, z. B. das Wallis sowie die Verkehrsachse vom Wallis durch Uri und Graubünden/Ostschweiz nach Chur. Auch als großflächig bebauter Raum erkennbar ist der im Norden, südlich der Agglomerationen Lausanne, Bern und Zürich gelegene Bogen (südliche Ostschweiz, Berner Oberland, südliches Mittelland), ebenso die Tessiner Agglomeration um Lugano. Die Stadt ist von einer immensen Suburbanisierung geprägt und erscheint somit als bebauter Raum. Für überformte Freiräume ist mittel- und langfristig die Gefahr einer weiteren anthropogenen Überformung klar erkennbar. Besonders auffallend und beispielhaft für alpine Gebiete ist das Gemeindegebiet von Zermatt im südlichen Wallis. Wie auch bei anderen überformten Räumen in den Schweizer Alpen ist die skitouristische Erschließung dafür verantwortlich. Bei diesem Raum handelt es sich um das Skigebiet „Matterhorn Paradise“ mit einer hohen Dichte an raumwirksamer, störender wintersporttechnischer Infrastruktur und dem höchsten per mechanischer Aufstiegshilfe erreichbaren Punkt der Alpen, dem 3.899 m hohen Gobba di Rollin.

Um die Qualität der identifizierten Flächen beurteilen zu können, werden hier abschließend exemplarisch Bodenbedeckung, Höhenlage und Hangneigung der naturnahen und überformten Freiräume untersucht. Hierfür wurde ein Inventar in Form einer Geodatenbank für die analysierten und identifizierten (Frei-)Räume mit folgenden Merkmalen angelegt: Erschließungsgrad/Nutzungsintensität, Größe, Bodenbedeckung, Hangneigung, Höhenlage. Die Schweizer naturnahen Freiräume sind hauptsächlich von Lockergestein (35,3 %) bedeckt. Fels und Gletscher folgen mit 26,7 % bzw. 12,7 %. Gerade letztere deuten auf alpines Ödland hin. Schweizer Wälder sind durch die verkehrsinfrastrukturelle Erschließung dem überformten Freiraum zuzuordnen. Die größte Anzahl (42,4 %) der naturnahen Freiräume in der Schweiz sind in der Höhenlage zwischen 2.500 und 3.000 m zu verorten und weitere 32,7 % innerhalb von 2.000 und 2.500 m. Auch dies spricht für den alpinen Ödlandcharakter. Generell ist festzustellen, dass ein hoher Erschließungsgrad einer Raumeinheit für eine größere Nähe zum tiefer gelegenen Talraum steht, sodass sich die Verteilung der Räume auf die einzelnen Höhenstufen auch in den klassifizierten Raumtypen widerspiegelt: bis 1.500 m Höhe macht der Anteil der naturnahen Freiräume nur 1,2 % aus. Im Gegensatz dazu liegen 42,4 % der überformten Freiräume auf einer Höhe unter 2.000 m. Die Hangneigung verhält sich ähnlich zu der Höhenlage. Die naturnahen Freiräume befinden sich überwiegend in einem Gelände mit hoher Hangneigung (20–30°: 33,7 %, 30–40°: 24,4 %). Im Gelände mit geringerer Hangneigung (5–20°) sind ungefähr ein Viertel aller naturnahen Freiräume gelegen. Die überformten Freiräume dagegen sind mit 27,5 % sowohl im flachen Gelände (<15°) als auch im steilen Gelände (20–30°) mit 24,8 % vorzufinden. Diese Tatsache kann durch das Errichten von Aufstiegshilfen erklärt werden.

Zusammenfassend sind zwei Arten von Freiräumen zu erkennen: Auf der einen Seite gibt es in der Schweiz (noch) viele naturbelassene oder naturnahe Landschaftsräume, die in großer Höhe liegen, steil sind und von Fels und Gletscher eingenommen oder von Wald bedeckt sind. Dieses sogenannte alpine Ödland ist daher aufgrund der Topographie und auch des Klimas nur mit einem erheblichen technischen und finanziellen Mehraufwand zu entwickeln oder nahezu inkompatibel für naturnahe Nutzung – außer Bergsport und Wintertourismus. Allerdings können dadurch aus eben diesem alpinen Ödland in den hochalpinen Höhenstufen sehr intensiv genutzte Landschaftsräume entstehen, z. B. für Skigebiete. Deshalb kann nicht einmal bei diesen Landschaften ausgeschlossen werden, dass sie nicht erschlossen werden und ihren naturnahen Charakter verlieren. Auf der anderen Seite lassen sich Landschafträume erkennen, die stark durch weitere anthropogene Überformung gefährdet sind, da sie bereits bis zu einem Fünftel bebaut sind. Diese liegen in einer niedrigeren Höhenstufe, sind flach und durch Lockergestein geprägt. Somit sind diese Räume für die Flächenerschließung und Raumentwicklung grundsätzlich geeignet und in der Folge stark gefährdet. Diese bereits überformten Freiräume drohen durch vermehrte Infrastrukturen den Natur- bzw. Freiraumcharakter zu verlieren.

6.5 Synthese der Freiraumanalysen

Nach der detaillierten methodischen Vorstellung der einzelnen Analysen zur Identifizierung und Abgrenzung von Freiräumen im deutschsprachigen Alpenraum, werden diese im Folgenden systematisch anhand von mehreren Indikatoren gegenübergestellt und die Gemeinsamkeiten sowie Unterschiede diskutiert. Es folgt zunächst die tabellarische Übersicht der jeweiligen Freiraumanalysen der einzelnen Untersuchungen entlang ausgewählter Indikatoren (vgl. Tab. 9). Grundsätzlich sei hier vorab auf das Problem der Vergleichbarkeit hingewiesen, da die Untersuchungen unabhängig voneinander und zeitversetzt sowie mit erheblichen Unterschieden bei den zur Verfügung stehenden Ressourcen angefertigt wurden. Wie in Kapitel 3 ausgeführt, handelt es sich hierbei um eine Synopse unterschiedlich umfangreicher Freiraumanalysen. Zudem ist bei der Gegenüberstellung zu berücksichtigen, dass die Salzburger Studie keinen GIS-basierten Ansatz im klassischen Sinne verfolgt.

Tab. 9: Synthese der Freiraumanalysen

	„Alpine Ruhezonen" – Land Salzburg	„Weißzonen" – Land Vorarlberg	„Unerschlossene Gebiete" – Südtirol	„Naturnahe Freiräume" – Schweiz
Auftraggeber/ Initiative	Amt der Salzburger Landesregierung	Vorarlberger Landesregierung	Dachverband für Natur- und Umweltschutz in Südtirol (gefördert durch die Autonome Provinz Bozen – Südtirol, Abteilung Natur und Landschaft)	Eidgenössische Forschungsanstalt für Wald, Schnee und Landschaft (WSL) (Forschungsgruppe Regionalökonomie und -entwicklung)
Bearbeitung	Richard Schoßleitner – Büro für Geografie und Raumforschung	Manfred Kopf, Andreas Marlin, Stefan Obkircher – Abteilung Raumplanung und Baurecht (sowie Abteilung Klimaschutz)	Kurt Kußtatscher, Ines Breitenberger – Büro Trifolium	Marco Pütz, Christoph Knauf, Gero Nischik – Forschungsgruppe Regionalökonomie und -entwicklung
Projektstart	n. v.	2012	2009	2016
Untersuchungsraum (Flächengröße)	▪ Österreichisches Bundesland Salzburg ▪ Flächengröße: 7.156 km²	▪ Österreichisches Bundesland Vorarlberg ▪ Flächengröße: 2.601 km²	▪ Autonome Provinz Bozen – Südtirol ▪ Flächengröße: 7.400 km²	▪ Schweizer Alpen (Fläche gemäß der Alpenkonvention) ▪ Flächengröße: 25.197,6 km²
Zielsetzungen	▪ Unterstützung der Ausweisung alpiner Ruhezonen auf örtlicher und regionaler Ebene ▪ Beratung für LEP-Novellierung 2017	1. Phase: Erfassung der ursprünglichen, naturnahen und wenig erschlossenen alpinen Landschaftsräume 2. Phase: langfristige Sicherung dieser als sogenannte Weißzonen	Erfassung von unerschlossenen Gebieten (landschaftliche Restflächen ohne Zerschneidung)	▪ Methodische Operationalisierung des Freiraumbegriffs ▪ Identifizierung und Inventarisierung der naturnahen Freiräume der Schweizer Alpen ▪ Bildung von Raumtypen
Methodischer Ansatz zur Festlegung der Raumeinheit	Nutzung bestehender Gebietsausweisungen	Hydrologische Modellierung: 20.000 kleine Gewässereinzugsgebiete händisch zu größeren hydrologischen Einheiten (Landschaftskammern) zusammengefasst (Umweltbüro Grabher)	n. v.	Hydrologische Modellierung: 14.500 Teileinzugsgebiete gebildet
Abgeleitete Raumeinheit für Beurteilung des Erschließungsgrades	n. v.	▪ Landschaftskammer ▪ Durchschnittsgröße: 3,3 km² ▪ Min. 0,27 km²; Max. 25,5 km²	▪ Keine Raumeinheit im engeren Sinn ▪ =Gesamte Landesfläche	Hydrologische Teileinzugsgebiete
Datenbasis der Infrastrukturen	SAGISonline	VoGIS des Landes Vorarlberg	▪ Geobrowser der Autonomen Provinz Bozen – Südtirol ▪ Wege-Shapefile des Amtes für überörtliche Raumordnung der Autonomen Provinz Bozen – Südtirol	▪ Infrastrukturen: TLM Schweiz ▪ Höhenmodell: swissALTI3D ▪ Basisgeometrie Schweiz

Störende Infrastrukturen	▪ Straßen: Bundes- und Landesstraßen, Straßen überörtlicher Bedeutung, Gemeindestraßen, Privat- und Mautstraßen für öffentlichen Verkehr, große Parkplätze >1.000 m² ▪ Eisenbahn ▪ Skipisten einschließlich Aufstiegshilfen, Liftstationen, Speicherteiche, Beschneiungsanlagen, Gastronomie und Beherbergung ▪ Sommer- und Winterrodelbahnen, Freizeit- und Erlebnisparks, Motor- und Schießsportanlagen, Fußball- und Tennisanlagen, Mountainbike-Downhill-Strecken ▪ Große Campinganlagen, Hotels, Ressorts, Feriendörfer ▪ Flugplätze ▪ Wasserkraftwerke >15 MV Engpassleistung, Solaranlagen ab 200 m² Kollektorfläche, Windparks über 500 kW Leistung, Biomasseheizwerke von mindestens 100 MW Leistung, Hochspannungsleitung, große Umspannwerke ▪ Deponien, Zentralkläranlagen, Lagerplätze >1.000 m² ▪ Gefährdungsbereiche nach schieß- und sprengrechtlichen Vorschriften, Altablagerungen/Altlasten, Flächen des Rohstoffabbaus ▪ Militärische Sperrgebiete und Anlagen	▪ Landesstraßen, Ortsstraßen, Autobahnen, Forst- und Güterwege, Privatstraßen ▪ Aufstiegshilfen und Skipisten ▪ Materialseilbahnen ▪ Stauseen ▪ Hochspannungsfreileitungen ▪ Adresspunkte und/oder Gebäude mit mehr als 200 m² Grundfläche ▪ Bahnlinien ▪ Bauflächen im Flächenwidmungsplan (Baufläche-Kerngebiet (BK), Baufläche-Wohngebiet (BW), Baufläche-Mischgebiet (BM), Baufläche-Betriebsgebiet (BB))	▪ Siedlungsgebiete ▪ Autobahn, Staatsstraßen, Landesstraßen, Gemeindestraßen, Radwege, Forst- und Almwege, Güterwege, Privatstraßen, weitere Straßeninfrastrukturen und Straßen „im Bau" ▪ Eisenbahn ▪ Touristische Infrastrukturen wie Skipisten, Aufstiegsanlagen und Wanderwege nur für Visualisierung verwendet	▪ Alle Gebäude ▪ Öffentlicher Parkplatz, Privates Fahrareal, Privatparkplatz, Rastplatz, Verkehrsfläche, Autobahn, Einfahrt, Ausfahrt, Raststätte, Dienstzufahrt, Autostraße, 10-m-Straße, 8-m-Straße, 6-m-Straße, 4-m-Straße, 3-m-Straße, Platz, Zufahrt, Straßenverbindungen ▪ Normalspur, Schmalspur mit Normalspur, Kleinbahn, Schmalspur, Autozug ▪ Gondelbahn, Luftseilbahn, Sesselbahn, Skilift ▪ Flugfeld, Flughafen, Flugplatz, Heliport, Graspiste, Hartbelagspiste, Perron, Rollfeld Gras, Rollfeld Hartbelag ▪ Freizeitanlage, Golfplatz, Pferderennbahn ▪ Schwimmbad, Sportplatz, Bobbahn, Laufbahn, Rodelbahn, Scheibenstand, Skisprungschanze, Sportplatz ▪ Antenne, Antennenareal ▪ Messe, Spital ▪ Schrebergarten ▪ Schule, Hochschule ▪ Hochspannungsleitung, Druckleitung einfach, Druckleitung mehrfach ▪ Staudamm, Staumauer, Wehr ▪ Förderband, Kiesabbau, Lehmabbau, Steinbruch ▪ Abwasserreinigung, Deponie ▪ Windturbine, Wasserkraftwerk, Holzkraftwerk, Solarkraftwerk, Biomassekraftwerk ▪ Standplatz ▪ Zoo

Puffer um Infrastrukturen	Kein Puffer	Pauschaler Puffer von 200 m	Straßen: pauschaler Puffer von 5 m	Differenzierung in vier Pufferklassen: 25 m, 200 m, 500 m und 1000 m
Methodische Grundlage zur Festlegung der Puffer	n.v.	Festlegung aus Plausibilitätsgründen	Störwirkung ist von verschiedenen Faktoren abhängig, daher keine Differenzierung möglich und Entscheidung für pauschalen Puffer	• Differenzierung in störend/nicht störend • Vielfältige Modellläufe und Verifizierung • Basis: Bevölkerungsbefragung LABES, Lärmausbreitung
Methodischer Ansatz der GIS-Operation	Ansatz der Ausschlussflächen	• Berechnung des 200-m-Puffers zu einem Gesamtpolygon (=Infrastrukturpuffer) • Verschneidung der Infrastrukturpuffer mit den Landschaftskammern • Berechnung des Flächenanteils des Infrastrukturpuffers an der jeweiligen Landschaftskammer (=Erschließungsgrad)	• Berechnung des 5-m-Puffers • Restflächen (im Sinn von nicht zerschnitten) werden zu einzelnen unerschlossenen Räumen zusammengefasst	• Zuordnung der Infrastrukturen zu einer Pufferklasse • Berechnung der vier Pufferklassen mit entsprechenden Infrastrukturen (=differenzierter Wirkungsbereich) • Zusammenfassung der einzelnen Pufferflächen zu einem Gesamtpolygon • Abfrage des Erschließungsgrades durch Berechnung des Flächenanteils
Identifizierte Freiräume (Anzahl, Durchschnittsgröße)	n.v.	• 83 Weißzonen • Durchschnittliche Größe 988 ha	• 487 Gebiete • Durchschnittliche Größe 1.282,3 ha	• 415 naturnahe Freiräume (Mindestgröße 2 ha) • Durchschnittliche Größe 61,4 ha
Verhältnis Freiräume – Untersuchungsraum	n.v.	• Insgesamt etwa 800 km² identifizierte Weißzonen • Etwa 33% der Landesfläche	• Insgesamt etwa 6.245 km² identifizierte unerschlossene Gebiete • 84% der Landesfläche	• Insgesamt etwa 2.550 km² identifizierte naturnahe Freiräume • Rund 10% des Schweizer Alpenraums
Raumkategorie(n)	• Ausschlussflächen • Flächen mit Potenzial alpine Ruhezone (stellt zugleich eine Planungskategorie dar, vgl. Kapitel 6.3)	• Drei Kategorien von Weißzonen: unterteilt in Kern-, Puffer- und Entwicklungszone • 20% infrastruktureller Erschließungsgrad in der Kernzone • Mindestgröße der Pufferzone: 2 ha (war prinzipiell als Planungskategorie vorgesehen, vgl. Kapitel 6.1)	• Unerschlossene Gebiete = Restflächen ohne Zerschneidung zwischen Infrastrukturen gelegen • Mindestgröße: 100 ha • Einteilung in sechs Größenklassen: 100-500 ha, 500-2.000 ha, 2.000-10.000 ha, 10.000-50.000 ha, 50.000-100.000 ha, 100.000-120.000 ha	• Klassifizierung zu drei Raumtypen • Raumkategorien: naturnaher Freiraum (Erschließungsgrad 0% von störender Infrastruktur), überformter Freiraum (0,1-20%), bebauter Raum (>20%)

Bei der planerischen Absicht, naturnahe Freiräume langfristig zu erhalten und somit in die Strukturen der Raumordnung und räumlichen Planung als rechtliche Verpflichtung zu implementieren, kann dem Auftraggeber bzw. Initiator sowie dem Bearbeiter der jeweiligen Analyse eine hohe Bedeutung beigemessen werden. So wurde die Analyse aus Vorarlberg von der Landesregierung in Auftrag gegeben und von einer staatlichen Behörde, der Abteilung Raumplanung und Baurecht, bearbeitet. Einem solchen Vorgehen kann – wenn der politische Wille zur Umsetzung nicht verloren geht – eine hohe Durchschlagskraft im Sinne der späteren Umsetzung attestiert werden. Dies ist vor allem durch das zu erwartende politische Wohlwollen zu begründen. Auf der anderen Seite kann der Wille einzelner politischer Akteure als treibende Kraft solcher Initiativen auch negativen Einfluss auf den Projektverlauf nehmen.

Eine staatsnahe Forschungseinrichtung wie beispielsweise die Eidgenössische Forschungsanstalt für Wald, Schnee und Landschaft (WSL) hat, bezogen auf die Verfügbarkeit von räumlichen Daten, Vorteile, leistet in der wissenschaftlichen und planerischen Diskussion theoretisch sowie methodisch einen Beitrag und sensibilisiert allgemein für das Thema. Zudem bestehen keinerlei behördliche Verpflichtungen. In der Folge kann es allerdings an (fach-)politischer Unterstützung für die Umsetzung fehlen. Die Südtiroler Studie wurde durch einen (Dach-)Verband beauftragt, durch die (staatliche) Autonome Provinz Bozen – Südtirol gefördert und von einem privaten Landschaftsplanungsbüro ausgeführt. Unter anderem deshalb hatte die Studie von Beginn an nur Informationscharakter.

Die Durchführung der Freiraumanalyse ist vom zeitlichen, personellen und finanziellen Rahmen abhängig. Wenn ausreichend finanzielle Mittel zur Verfügung stehen, kann auch ein externes Planungsbüro mit spezialisiertem Wissen Teile der Analyse übernehmen und somit die internen Bearbeiter entlasten sowie die zeitliche Dauer verkürzen. Zudem erhöht sich durch einen größeren Kreis an Experten der Wissensstand enorm. Festzustellen ist, dass für Geodaten zum Teil hohe Geldbeträge aufgebracht werden müssen. Sind die Bearbeiter im Staatsdienst aktiv, haben sie meist einen besseren Zugang zu Daten, unterliegen aber, wie oben beschrieben, unter Umständen einer stärkeren Pfadabhängigkeit. Um es zu wiederholen: Grundsätzlich unterscheiden sich die für diese Untersuchung zugrunde liegenden Projekte hinsichtlich Personal, Zeit und Finanzen deutlich. Auf jeden Fall ist es von Vorteil, wenn die Bearbeiter über gute Kenntnisse bezüglich des Untersuchungsraums verfügen.

Klar zu erkennen ist, dass die Freiraumanalysen zu unterschiedlichen Zeiten durchgeführt wurden (zwischen 2009 und 2017). Die Schweizer Analyse zu naturnahen Freiräumen wurde nach der Vorarlberger und Südtiroler Studie durchgeführt und dadurch teilweise von diesen bezüglich Vorüberlegungen, Vorgehen und Umsetzung/Durchführung inspiriert. Der Zeitpunkt einer Untersuchung wirkt sich außerdem auf den State of the Art bezüglich des Standes von Wissen und Technik, aktueller Herausforderungen und des Problembewusstseins sowie des raumplanerischen Umgangs (vor allem politische „windows of opportunity") aus.

Der Untersuchungsraum von Vorarlberg ist mit einer Fläche von etwa 2.600 km² der kleinste. Im Vergleich dazu sind die Untersuchungsräume der Salzburger und Südtiroler Studien, beide jeweils mit rund 7.300 km², fast ein Drittel größer. Das Schweizer Untersuchungsgebiet ist zehnmal so groß. Die Größe der analysierten Fläche hat nur eine untergeordnete Bedeutung, weil bei entsprechender Datenverfügbarkeit und Rechenkapazität die verwendete Methodik auf einen Raum beliebiger Größe übertragen werden kann. Nichtsdestotrotz wird ein kleinerer Untersuchungsraum die Verifizierung von Ergebnissen und den Aufwand für die Bildung von Raumeinheiten bzw. Landschaftskammern im Gelände verringern. Die Wahrscheinlichkeit ist zudem höher, dass ein kleinerer Untersuchungsraum homogener ist. Je diverser sich das Untersuchungsgebiet darstellt, desto besser können Annahmen überprüft werden.

Alle hier synthetisierten Analyseraster haben das gemeinsame, übergeordnete Ziel, unerschlossene bzw. naturnahe Freiräume zu identifizieren und langfristig zu sichern. Die methodische Operationalisierung von Freiräumen bzw. Weißzonen wurde in der Schweizer und Vorarlberger Untersuchung grundsätzlich über den infrastrukturellen Erschließungsgrad gefasst. Die Zugänglichkeit und Erlebbarkeit wurden durch naturverträgliche Nutzung in den Landschaftsräumen berücksichtigt. Die Salzburger Studie fokussiert vor allem auf die Unterstützung der raumplanerischen Implementierung von „Alpinen Ruhezonen". Die Südtiroler Analyse konzentriert sich dagegen auf die unerschlossenen Gebiete, die völlig frei von „störender" Infrastruktur und damit unzerschnitten sowie ökologisch außerordentlich wertvoll für Flora und Fauna sind.

Um die Raumeinheiten festzulegen, wurde in Vorarlberg und der Schweiz eine hydrologische Modellierung durchgeführt. Die daraus erzeugten Teileinzugsgebiete bilden die Raumeinheiten für weitere Bearbeitungsschritte der Analysen (z.B. Berechnung des Erschließungsgrads). Vorarlberg entwickelte darüber hinaus durch händisches Vereinen der hydrologischen Einzugsgebiete Landschaftskammern. Dies ermöglicht die Berücksichtigung von Wahrnehmungsräumen, ist allerdings ein sehr aufwendiges Verfahren. Hier mussten beispielsweise zirka 20.000 kleine Gewässereinzugsgebiete zu 681 größeren hydrologischen Einheiten zusammengefasst werden, zu eben diesen Landschaftskammern. Der Schweizer Alpenraum stellt in dieser Hinsicht für diesen Schritt einen zu großen Untersuchungsraum dar bzw. erforderte entsprechende zusätzliche Arbeitskapazitäten.

Die Untersuchung aus Südtirol, die sich dem Gegenstand über die ökologische Funktion von Freiräumen nähert, definiert in der Studie keine Raumeinheiten und verwendet die gesamte administrative Landesfläche der Autonomen Provinz als Raumeinheit. Die Salzburger Studie orientiert sich ausschließlich an bestehenden Gebietskategorien und nähert sich Freiräumen über vereinbare bzw. unvereinbare Nutzungen. Letztere ergeben die sogenannten Ausschlussflächen. Das restliche Gebiet ergibt die potenziellen alpinen Ruhezonen. In Vorarlberg und der Schweiz werden die zu prüfenden Räume vor der Analyse der Erschließung festgesetzt. In Südtirol dagegen werden die Freiräume bzw. unerschlossenen Gebiete ausschließlich durch die Analyse selbst (Ermittlung der Erschließung) abgegrenzt (Bezugsraum ist die Landesfläche).

In Sachen einer Harmonisierung von methodischen Verfahrensweisen zur Fixierung von alpinen Freiräumen ist demnach festzuhalten: Die Vorarlberger Landschaftskammern sind als sehr gute Raumeinheiten für die Thematik „Freiraum" im Sinne dieser Publikation anzusehen, da sie als naturräumlich abgrenzbarer und wahrnehmbarer Landschaftsraum fungieren. Die eigenständig betriebene Schweizer Studie konnte wegen fehlender Kapazitäten bzw. des großen Untersuchungsraums zunächst keine Landschaftskammern bilden und musste stattdessen die hydrologischen Teileinzugsgebiete wählen, die aber im späteren Verlauf der Analyse zu größeren Räumen aufgrund des gleichen Erschließungsgrads zusammengefasst worden sind. Dort sollte künftig in Richtung der Vorarlberger Methode weitergearbeitet werden.

Die Datenbasis, auf der die jeweiligen Untersuchungen aufbauen, wurde insgesamt durch staatliche Institutionen erhoben. Folglich ist die Datengrundlage stark abhängig von national- oder teilstaatlichen Bemühungen zur Erhebung. Die Qualität der Daten kann jedoch ausschlaggebend für die Ergebnisse der Analyse sein, z.B. für die Auswahl der Infrastrukturen und Puffer. Alle Studien außer die Salzburger Untersuchung haben zusätzlich kartographische Höhenmodelle implementiert, um so Rückschlüsse auf Höhenlage und Hangneigung der Freiräume zu erhalten. Die aufgrund der Datenverfügbarkeit verschiedenen berücksichtigten Infrastrukturen sind hauptsächlich Areale der Verkehrs- und Siedlungsflächen, wobei zusätzlich in allen Analysen noch Tourismus- und Energieinfrastrukturen berücksichtigt werden. Die Schweizer Analyse konnte die verschiedenen (technischen) Infrastrukturen sehr exakt ausdifferenzieren, mehrere Pufferklassen untergliedern und zusätzlich die Einteilung in „störende" und „nicht störende" Infrastruktur hinsichtlich der raumwirksamen Wirkung vornehmen. Den grundlegenden Ansatz des Pufferns von Infrastrukturen haben alle Analysen gemeinsam, bis auf die Salzburger Studie, die wegen der raumplanerisch-gesetzlichen Fokussierung auf eine GIS-Analyse verzichtet. Die pauschale Pufferung der Vorarlberger Kollegen fußt auf der Annahme, dass ein 200-m-Puffer um jede infrastrukturelle Erschließung den Schutzgedanken bei gleichzeitiger Erholung, Erlebbarkeit und Zugänglichkeit methodisch abbildet. Bei der Südtiroler Studie werden Verkehrsinfrastrukturen pauschal mit nur fünf Metern gepuffert mit der Begründung, dass die Störwirkung einer Infrastruktur abhängig von der umgebenden Landschaft, der betroffenen Art der Spezies und der Verkehrsmenge ist und dass es daher auch nicht möglich ist, die unterschiedlichen Störwirkungen durch verschiedene Puffer festzulegen. Die Schweizer Analysen versuchen im Gegensatz dazu, die Störwirkung infrastruktureller Erschließungen basierend auf einer Bevölkerungsbefragung und der Lärmausbreitung in vier Pufferklassen (25 m, 200 m, 500 m und 1.000 m) zu differenzieren, was im Sinne der Dimension der anthropogenen Betroffenheit für zukünftige Verfahrensweisen unbedingt am geeignetsten erscheint.

Den Untersuchungen aus Vorarlberg und der Schweiz liegt der methodische Ansatz der Überlagerungsanalyse von bereits gepufferten Infrastrukturflächen mit den Raumeinheiten (Landschaftskammer vs. Teileinzugsgebiete) zugrunde. In Vorarlberg wurde für jeden der zehn erwähnten Infrastrukturdatensätze der Puffer berechnet, zu einem Gesamtpolygon zusammengefasst, die Infrastruktur mit der Landschaftskammer verschnitten und so der Erschließungsgrad (Flächenanteil des Infrastrukturpuffers an der Raumeinheit) berechnet. In der Südtiroler Studie wurde, um die unerschlossenen Gebiete zu ermitteln, die Polygonfläche der Infrastruktur einschließlich Fünf-Meter-Puffer aus der Gesamtfläche Südtirols ausgeschnitten. Dies zeigt zwei prinzipiell unterschiedliche Ansätze (Erschließungsgrad vs. ausgeschnittene Räume). Die Salzburger Studie verfolgt wiederum einen anderen Ansatz. Hier werden Nutzungsarten mit bestehenden Gebietskategorien abgeglichen.

In der Studie aus Vorarlberg wurden 83 Weißzonen mit einer Fläche von 800 km² identifiziert, was 33 % der Landesfläche von Vorarlberg (rund 2.600 km²) ausmacht. In Südtirol wurden 487 unerschlossene Gebiete mit einer Fläche von 6.245 km² identifiziert, was 84 % der Landesfläche Südtirol (rund 7.400 km²) abdeckt. Letzteres Ergebnis ist auf den gewählten methodischen Ansatz zurückzuführen, der in gewisser Hinsicht eine holzschnittartige vereinfachende Wirkung zeigt. Daher sind die Ergebnisse nur schwerlich zu vergleichen und nicht unumstritten. Dieser Ansatz betrachtet das Thema „Freiraum" aus einer überwiegend ökologischen Perspektive und impliziert nicht direkt die Dimension der anthropogenen, naturnahen Nutzung. Zudem beeinflusst der äußerst niedrig gewählte Wert der Pufferung das Ergebnis.

In der Schweiz wurden nach der operationalisierten Definition 415 naturnahe Freiräume mit einer Fläche von 2.550 km² (10 % der Schweizer Alpen) identifiziert. Die Schweizer und die Südtiroler Studie bilden Verbundräume ab, die Analyse aus Vorarlberg dagegen „isolierte" Freiräume. Alle Freiraumanalysen leiten aus der Gesamtheit der identifizierten Freiräume Raumkategorien ab. Die Schweizer Studie unterscheidet zwischen freiem und bebautem Raum und unterscheidet ersteren in naturnahe (0 % infrastruktureller Erschließungsgrad) und überformte Freiräume (0,1–20 % infrastruktureller Erschließungsgrad). Die Raumanalyse aus Südtirol kategorisiert die unerschlossenen Gebiete in sechs Größenklassen. Die Vorarlberger untergliedern die Weißzonen in eine Kern-, Puffer- und Entwicklungszone und differenzieren diese somit aus. In Salzburg wird in geeignete Flächen und Ausschlussflächen differenziert. Diese völlig unterschiedlichen Raumkategorien zeigen das mögliche Spektrum der Ausdifferenzierung an identifizierten alpinen Freiräumen auf.

Im Folgenden wird abschließend versucht, ein idealtypisches (methodisches) Vorgehen für GIS-Analysen bezüglich einer Identifizierung von Freiräumen in Form von Handlungsempfehlungen zu skizzieren:

- Methode der hydrologischen Modellierung zur Bestimmung von Raumeinheiten; im Idealfall Zusammenfassung zu Landschaftskammern, da sie menschlichen Wahrnehmungsräumen naekommen;
- Differenzierung in störende und nicht störende Infrastruktur; nur störende Infrastrukturen puffern, differenzierte Pufferklassen wählen (Einbeziehung der subjektiven Wahrnehmung durch Befragung sowie der Lärmausbreitung);
- Überprüfung der Puffer durch Abgleich mit aktuellen Luftbildern, zukünftig mit hochauflösenden Luftbildern in Anbetracht des neu startenden Europäischen Satellitensystems „Galileo";
- Identifizierte Räume klassifizieren, um differenziertere Aussagen bezüglich der Ergebnisse treffen zu können, z. B. Raumtypen oder Unterscheidung in Kern- und Randbereich;
- Dokumentation zu einem Inventar, idealerweise mit Beschreibungseinheiten (z. B. Lage, infrastrukturelle Erschließung, Geologie, Klima, Tier- und Pflanzenwelt und historische Nutzung);
- Planerische Subjektivität reduzieren, z. B. durch Bevölkerungsbefragungen zu Lärmausbreitung und visuellen Wirkungen;
- Grenzüberschreitender Analyseansatz bzw. Einbezug von benachbarten Flächen über die administrativen Grenzen hinaus; Problematik der Datenharmonisierung (gleiche Definition der Infrastrukturelemente) beachten.

Zusammenfassend ist festzuhalten, dass die hier vorgestellten Freiraumanalysen sehr unterschiedlich sind. Dies hängt zum einen mit dem gewählten methodischen Ansatz zusammen, zum anderen ist dies bedingt durch unterschiedliche, projektbezogene Ressourcenbereitstellung. Diese Ressourcen beziehen sich auf die Anzahl der Bearbeiter, die Unterstützung durch externe Fachkräfte, die finanziellen und technischen Mittel sowie die Datengrundlage als solche. Die Beschaffung von Daten über öffentliche Kanäle ist zum Teil lückenhaft, oder nur kostenpflichtig zu realisieren. Eine Datenharmonisierung in sich, aber insbesondere von grenzüberschreitenden Daten, stellt sich als sehr schwierig dar. Eine staatliche bzw. staatsnahe Institution der Alpenländer/EU/Alpenkonvention sollte sich das Ziel setzten, lückenlose Daten für den gesamten Alpenraum aufzubereiten und zur Verfügung zu stellen, um überhaupt vielfältige Freiraumanalysen durchführen zu können. Dies ist vor allem wichtig, um den Alpenraum als Gesamtraum ansehen und behandeln zu können.

7 Diskussion, Fazit und Desiderata

Übergeordnetes Ziel der vorliegenden Arbeit ist es, unerschlossene oder wenig infrastrukturell vorbelastete alpine Freiräume langfristig zu bewahren, sie aber trotzdem für Einheimische, als Landnutzer und Ausflügler, sowie für Besucher als Erholungsuchende zugänglich zu erhalten. Damit baut diese Untersuchung nicht auf der klassischen Wildnis-Debatte auf (vgl. BMUB 2016; Bender/Roth/Job 2017). Sie geht weit darüber hinaus, indem sie die Alpen als historisch gewachsene Kulturlandschaft mit unterschiedlichsten regionalen Facetten betrachtet, deren tradierte Charakteristika es zu erhalten gilt (Mayer /Kraus/Job 2011; Bätzing 2015a; Bätzing 2015b;), auch was den landschaftsbezogenen Tourismus anbelangt (Mayer/Woltering/Job 2008). Die raumordnerische Debatte und planerisch-instrumentelle Sicherung von Freiräumen, die hier im Vordergrund der Betrachtungen steht, betrifft demnach prinzipiell alle Höhenstufen im Hochgebirge. Was den Status quo im deutschsprachigen Alpenraum angeht, wird zum einen versucht, einen Überblick über etablierte – die neuerdings in Teilen gefährdet zu sein scheinen – und künftig intendierte Konzepte zum Erhalt von Freiräumen zu geben. Zum anderen geht es um die synoptische Zusammenführung von Ansätzen des Freiraumschutzes in der Raumordnung und räumlichen Planung.

Als Mehrwert dieser Publikation ist zu sehen, dass die Untersuchung nicht auf der für lokale Nutzer aus Akzeptanzgründen brisanten Wildnis-Debatte aufbaut, sondern im Gegenteil den Erhalt von wenig überformten, extensiv genutzten naturnahen Landschaften als Freiräume für zwingend notwendig erachtet. Die Raumordnung hat zugleich an der Nutz- als auch an der Schutzfunktion ein prinzipiell gleichrangiges Anliegen. Das Motto des vorliegenden Beitrags lautet also nicht „worthwild“, sondern „valuable landscapes“ (vgl. BMUB 2016; CIPRA International 2017). In Bezug auf Rückzugsflächen für Wildtiere bzw. ökologische Konnektivität werden vor allem größere, zusammenhängende Gebiete gefordert, um die Biodiversität langfristig zu erhalten. In dieser Untersuchung werden darüber hinaus auch kleinere Areale betrachtet (vgl. Svadlenak-Gomez 2016). Neben einer neuen Definition von Freiräumen und der Gegenüberstellung der verschiedenen Freiraumanalysen liegt der Fokus auf dem raumplanerischen Umgang mit naturnahen Freiräumen sowie der Reaktion auf die aktuelle politische Situation, die unter dem neoliberalen Zeitgeist bewährte Instrumente wie den Alpenplan aufzuweichen droht.

7.1 Einordnung der Freiraumschutzansätze in Planungsparadigmen

Wie in Kapitel 2 dargelegt, kann Raumplanung nach Siebel (2006) als doppelt konstituiert gelten: Die objektive Seite umfasst die gesellschaftlichen Ansprüche und Rahmenbedingungen, die subjektive Seite die Interpretation selbiger durch die jeweiligen Planer. Beide unterliegen einem steten Wandel. Dabei ändern sich auch die Planungsparadigmen. In den vergangenen Jahrzehnten wurde die technische von der politischen und der ökologischen Rationalität abgelöst (Selle 1995; Siebel 2006). Nach der Jahrtausendwende wurden neue Paradigmen vermehrt diskutiert: die nachhaltige Rationalität und die planerische Resilienz (Sieverts 2012; Hammer/Mose/Siegrist et al. 2015). Zum Zeitpunkt der Entstehung erster raumordnerisch verbindlicher Ansätze zum Freiraumschutz wie beispielsweise des bayerischen Alpenplans herrschte das geschlossene Planungsmodell mit der Idee einer souveränen, von oben herab wirkenden Raumplanung vor.

Heute passt diese nicht mehr recht in die stärker auf Moderation, Mediation und einen Konsens orientierte, auf die Partizipation der Bevölkerung hin ausgerichtete Planung (Top-down- versus Bottom-up-Strategien), was unter anderem die umfangreichen und kontroversen Beteiligungsverfahren an der Konzeption der Vorarlberger Weißzonen zeigen (vgl. Kapitel 6.2). Allerdings wirkt das in der Fläche durchsetzungsstarke technisch-rationale Planungsparadigma bis dato nach, wie der bayerische Alpenplan als Raumordnungsinstrument oder die Tiroler Ruhegebiete als Norm der Fachplanung Naturschutz demonstrieren (vgl. Job/Mayer/Kraus 2014; vgl. Kapitel 5.2). Wendet man die Vor- und Nachteile der von Siebel (2006) herausgearbeiteten Planungsparadigmen auf die bislang existierenden Ansätze zum Freiraumschutz in den Alpen an, so zeigt sich, dass die bereits in den 1970er Jahren entstandenen und in Kraft getretenen Ansätze des bayerischen Alpenplans und der Tiroler Ruhegebiete voll im Trend der damaligen Zeit zur umfassenden Entwicklungsplanung lagen. Das geschlossene Planungsmodell ist jedoch Siebel (2006: 14) zufolge „unangemessen in sozialen und politischen Situationen", was sich am aktuellen Konflikt um das Riedberger Horn zeigt, da die Gültigkeit und damit Wirksamkeit beispielsweise des Alpenplans letztlich abhängig vom politischen Willen der Entscheidungsträger ist. Demgegenüber wäre aber das offene Planungsmodell in Fällen des alpinen Freiraumschutzes wohl kaum sinnvoll einsetzbar, da eine ungleiche Machtverteilung und gegensätzliche Interessen zwischen den Akteuren bestehen und es um die Bewahrung einer lebenswerten Umwelt für künftige Generationen, um Ökologie und harte Flächennutzungskonflikte geht. Für all diese Aspekte sieht Siebel (2006) das offene Planungsmodell als ungeeignet an. Auch die ökologische Planungsrationalität kann nicht in Anschlag gebracht werden, da die Eingriffe in die Natur, die der Freiraumschutz zu verhindern sucht, zumeist allenfalls teilweise revidierbar sind (abhängig von der Höhenstufe, dem Zeithorizont und dem normativen Naturverständnis). Alles in allem können die beiden hier dargestellten umgesetzten raumplanerischen Ansätze des alpinen Freiraumschutzes als Musterbeispiele für den weitgehend erfolgreichen Einsatz des geschlossenen Planungsmodells gelten.

7.2 Bewertung übergeordneter Rahmensetzungen im Kontext des Freiraumschutzes

Alpenweit ist heute eine Dynamik bei grenzüberschreitenden Kooperationen zu konstatieren. Traditionell standen bislang vor allem die bi- bzw. trilateralen INTERREG-A-Programme der EU, Euregios[19] und das transnationale, von INTERREG-B getragene, alpenweit ausgerichtete „Alpine Space"-Programm im Vordergrund. Nunmehr ist auf etwas großräumigerer Ebene die Etablierung der makroregionalen Strategien, für den Alpenraum EUSALP, hinzugekommen. Diese Strategie geht im Maßstab noch über den INTERREG-B-Raum hinaus und lässt bisher keinen institutionellen Zusammenhang mit Raumordnung und Raumplanung in den Alpenstaaten oder mit der seit 25 Jahren bestehenden Alpenkonvention erkennen.

Die neue Idee dieser territorialen Zusammenarbeit zielt auf eine grenzüberschreitende Bearbeitung von Herausforderungen in Räumen mit „gemeinsamen geographischen Besonderheiten" ab. Eine eigene Mittelausstattung oder ein spezifisches Instrumentarium ist derzeit allerdings offen (Bätzing 2015a: 368 ff.). Der EUSALP-Kernraum ist dabei von wenigstens fünf geographischen Besonderheiten geprägt: erstens der naturgemäß

[19] Beispielsweise entlang der Grenze von Bayern, Österreich und der Schweiz: Internationale Bodensee-Konferenz, Lenkungsausschuss West mit Via Salina und Zugspitze sowie Lenkungsausschuss Mitte mit Inntal und Salzburg.

großen Reliefenergie und rezenten Hochgebirgsmorphologie, zweitens der extrem hohen natur- und kulturlandschaftlichen (Bio-)Diversität, drittens der hohen Bedeutung, was die Ressourcenausstattung anbelangt (Stichwort: Wasserschloss Europas), viertens dem immensen Stellenwert von Erholungsvorsorge und Tourismus für Einheimische und Besucher sowie fünftens der Dichte an nationalstaatlichen Grenzen. Letztere markieren immer auch formaljuristische Regelungsweisen. Dies ist vor dem Hintergrund zu sehen, dass der Erhalt von Freiräumen durch die Raumordnung und räumliche Planung schon national, viel mehr aber noch grenzüberschreitend ein äußerst komplexer Politikbereich ist. Denn einerseits nehmen funktionalräumliche Verflechtungen (Pendlerströme, Freizeit- und Altersruhesitze, Besucherverkehr) sukzessive zu, andererseits sind die politischen Kompetenzen weiterhin klar territorial organsiert. Dies gilt in besonderem Maße für die raum- und naturschutzplanerischen Zuständigkeiten in den föderal organisierten Staaten des Untersuchungsgebietes deutschsprachiger Alpenraum.

Insgesamt ist es äußerst bemerkenswert, welches Engagement politische Vertreter von Staaten, Regionen, Kantonen und Gemeinden in kürzester Zeit in die Umsetzung der EUSALP eingebracht haben, obwohl diese Strategie weder über rechtliche Befugnisse noch finanzielle Mittel verfügt. Die Nutzung verfügbarer Finanzierungsströme auf unterschiedlichen Ebenen, die Verringerung der regionalen und nationalen Disparitäten und die Schaffung von Synergien für Wachstum und Beschäftigung scheinen wohl die Antriebsfedern für die rasche Umsetzung der neuen Alpenraumstrategie zu sein. Der Alpenkonvention, die auf funktionierende Strukturen und Vernetzungen sowie auf eine völkerrechtliche Verankerung zurückgreifen kann, wurde dieses politische Engagement bis heute nicht zuteil, obwohl sich die Durchführungsprotokolle, Deklarationen und Aktionspläne der Alpenkonvention an einer nachhaltigen Entwicklung und am Schutz des Alpenraumes orientieren. Unter ihrem Dach bestehen bereits Arbeitsgruppen und Plattformen, die sich umfassend mit spezifischen Alpenthemen befassen und die im EUSALP-Prozess erst mühsam erarbeitet werden müssen oder womöglich sogar unberücksichtigt bleiben. Das Protokoll „Raumplanung und nachhaltige Entwicklung“ der Alpenkonvention könnte für ein alpenweites Raumordnungskonzept als wesentliche Diskussions- und Arbeitsgrundlage im EUSALP-Prozess dienen. Es wird wohl in den kommenden Jahren an den Alpenbewohnern selbst liegen, Ideen und Vorschläge vor allem aus der Arbeit der Alpenkonvention einzubringen und dies als Chance für die Schaffung eines Mehrwerts zu nutzen. Denn ansonsten ist zu befürchten, dass der Alpenraum und mit ihm die Alpenkonvention nur mehr die Rolle eines Statisten in der makroregionalen Alpenraumstrategie einnehmen wird (Haßlacher 2013: 9).

Kritiker des EUSALP-Prozesses befürchten, dass damit die nun seit mehr als 25 Jahren als internationales Völkerrecht anerkannte Alpenkonvention als Meilenstein einer umfassenden Alpenpolitik, die in ihren verschiedenen Protokollen Umweltbelange und damit die natürlichen Lebensgrundlagen stark gewichtet (vgl. Kapitel 4.1), zusehends an Bedeutung verlieren könnte (vgl. Bätzing 2014; Erlacher 2014; Haßlacher 2016e). Dafür könnten die Metropolen der Alpenvorländer sowie die dicht besiedelten Haupttäler der Alpen und deren Wirtschaftsinteressen einseitig an Bedeutung gewinnen und somit der Freiraumschutz ins Hintertreffen geraten (vgl. die neoliberale Perspektive in Bätzing 2015b). Die Alpenkonvention ist weder ein Allheilmittel des Umweltschutzes, noch ein reiner Papiertiger (vgl. dazu kritische Stimmen zur Alpenkonvention wie Ruppert 2004). Denn sie ergänzt die nationale Gesetzgebung um Zielvorgaben bzw. erzwingt Abwägungsentscheidungen (Schmid 2016). Sie ist keine politische Magna Charta für den Alpenraum, aber zu wertvoll, um sie in die Bedeutungslosigkeit zu versenken. Bätzing (2016: 35) resümiert daher zu Recht: „Gäbe es die Alpenkonvention nicht, dann müsste man sie eigentlich neu erfinden, was aber vor dem Hintergrund des gegenwärtigen politischen Zeitgeistes heute kaum noch möglich sein dürfte."

7.3 Bewertung bestehender raumplanerischer Ansätze zum Freiraumschutz in den Alpen

7.3.1 Bewertung des bayerischen Alpenplans

Mit dem bayerischen Alpenplan wurde 1972 das wohl bis heute interessanteste, flächendeckende Planungsinstrument zum Freiraumschutz in den Alpen implementiert, weil der Alpenplan verbindlich für den gesamten bayerischen Alpenraum gilt und zugleich nach verschiedenen Zonen der Nutzungsintensität abgestuft ist. Tabelle 10 stellt die Stärken den Schwächen des Alpenplans gegenüber.

Seit der Erstfassung des Landesentwicklungsprogramms Bayern (1976) ist der Alpenplan das Instrument mit der größten Kontinuität. Auch bei der 2013 erfolgten Novellierung blieb er unangetastet. Dies erstaunt einerseits, da das Landesentwicklungsprogramm ansonsten eher neoliberale Züge trägt, andererseits, weil der Alpenplan ein raumplanerisches Ziel verkörpert, das dem strikten Vorrangprinzip gehorcht und damit keinerlei Ermessensspielräume bestehen, von den parzellenscharfen räumlichen Vorgaben abzuweichen (Job/Fröhlich/Geiger et al. 2013). Zudem ist der Alpenplan der einzige Abschnitt im Landesentwicklungsprogramm 2013, in dem der Tourismus unter dem Paradigma der Nachhaltigkeit ernsthaft debattiert wird. Im Gegensatz zu den vielfältigen Strategiepapieren zur nachhaltigen Tourismusentwicklung auf internationaler Ebene sowie zu den übergeordneten Rahmensetzungen für den Alpenraum (vgl. Kapitel 7.2) übernimmt der Alpenplan (ebenso wie die Tiroler Ruhegebiete) eine explizite Flächenverantwortung (Job/Mayer/Kraus 2014).

Tab. 10: Stärken und Schwächen des bayerischen Alpenplans

Stärken	Schwächen
Raumordnungsinstrument mit konsistenter Stellung im LEP als „Ziel" und starker Rechtswirkung bis dato (zwei kleinere Revisionen führten zur marginalen Erweiterung der Zone C)	Konzentration der Zone C auf alpine Ödländer („Worthless land"-Hypothese), unterrepräsentiert in tieferen Lagen
Zone C wirkt quasi als zusätzliche strenge Flächenschutzkategorie im Raum, wo keine Schutzgebiete bestehen	Intensivierung des Skitourismus durch qualitativen Ausbau der Infrastruktur findet statt, aber bisher nur an tradierten Standorten
Implementierung lange bevor das globale Nachhaltigkeits-Paradigma von Rio aufkam	Individualisierung im landschaftsbezogenen Freizeitsportbereich (z. B. E-Bikes) bleibt unberührt
Effektiver Schutz der Bayerischen Alpen vor Übererschließung mit skitouristischer Infrastruktur	Zerschneidung der Zone C mit Forst-/Almwegen wächst und wird nicht tangiert durch den Alpenplan
Keine negativen Auswirkungen auf Tourismus	Außerhalb von Fachkreisen weitgehend unbekannt (z. B. im Vergleich zu Nationalparks)

Quelle: Eigene Darstellung nach Job/Mayer/Kraus (2014)

Der Alpenplan ist jedoch keineswegs perfekt, sondern weist auch einige Schwachpunkte auf. Unter anderem hat der sperrige offizielle Titel „Teilprogramm ‚Erholungsraum Alpen' des LEP" bzw. „Teilabschnitt Erholungslandschaft Alpen des Bayerischen LEP" zu einer sehr geringen öffentlichen Bekanntheit geführt. Man stelle sich die wahrscheinlich viel größere Empörung der kritischen Öffentlichkeit vor, wenn in der Causa Riedberger Horn versucht werden würde, einen Nationalpark zu demontieren (vgl. die Affaire Vanoise 1969–1971 in Frankreich; Laslaz 2004; Mayer/Mose 2017).[20]

7.3.2 Bewertung der Tiroler Ruhegebiete

Die Tiroler Ruhegebiete sind ein stabiles Element der Raumordnung in Tirol zur langfristigen Sicherung alpiner Freiräume vor großtechnischer Erschließung mit mechanischen Aufstiegshilfen, Skipisten und Straßen. Nach der Ausweisung von acht Ruhegebieten im Zeitraum von 1981 bis 2000 ist diese Raumordnungs- und Schutzstrategie ins Stocken geraten, da die Tiroler Landespolitik zunächst nicht mehr als 25 % geschützter Landesfläche verantworten wollte (Stand Januar 2017: 25,3 %; Fischler 2017: 19). Weitere frühere Ruhegebietsplanungen wurden insbesondere durch den Österreichischen Alpenverein, Fachabteilung Raumplanung-Naturschutz, vorbereitet: Wildseeloder-Geißstein, Kitzbüheler Alpen – Wilde Krimml/Märzengrund, Tuxer Voralpen, Gilfert-Rastkogel, Rofangruppe, Samnaungruppe, Ostsilvretta, Verwallgruppe, Lechtaler Alpen sowie Mieminger Kette-Nord. Zur Realisierung tat sich allerdings kein realpolitisches Zeitfenster auf, obschon der Prozess in einigen Fällen sehr weit vorangeschritten war. Die Implementierung weiterer Ruhegebiete kann in Zukunft wahrscheinlich nur parallel zur Genehmigung von Skigebietserweiterungen nach dem Prinzip der Eingriffs-/Ausgleichsregelung erreicht werden.

Festzuhalten bleibt diesbezüglich: Tirol benötigt ein regional ausgewogenes und raumstrukturell gerecht verteiltes Netz an Ruhegebieten, das die (kultur-)landschaftliche Vielfalt des Bundeslandes repräsentiert. Denn bislang sind die Bezirke Landeck und Kufstein/Kitzbühel noch „weiße Flecken" auf der Tiroler Ruhegebietskarte (vgl. Abb. 4) und generell unterrepräsentiert, was Schutzgebiete anbelangt (Mayer/Kraus/Job 2011). Zu diesem Zweck muss die Zusammenarbeit zwischen Raumordnung und Naturschutz künftig aktiviert werden.

7.4 Bewertung in Konzeption befindlicher raumplanerischer Ansätze zum Freiraumschutz

Im österreichischen Bundesland Salzburg wurde politisch vereinbart, die Novelle zu alpinen Ruhezonen vor Sommerbeginn 2017 im Landtag zu beschließen. Die planerische Umsetzung wird in dem zur Überarbeitung anstehenden Salzburger Landesentwicklungsprogramm nach Beschluss der Novelle erfolgen. Dazu wurde von Amts wegen eine Studie zur Festlegung alpiner Ruhezonen in der Salzburger Raumplanung mit dem Ziel eines Umsetzungsvorschlages zur Abgrenzung eben dieser alpiner Ruhezonen auf regionaler und örtlicher Planungsebene anhand bestehender Gebietsausweisungen in Auftrag gegeben. Die vorliegende Studie weist einen klaren Bezug zu raumplanerischem Umgang auf. Um zu verdeutlichen, dass alpine Ruhezonen keine „Ausschlusszonen" sind, wurde die Definition sowohl für vereinbare Nutzungen („Positivzugang") als auch für unvereinbare Nutzungen („Negativzugang'") durchgeführt (Schoßleitner 2016: 12). Planungs-

[20] Hochrangige Vertreter der großen, weltweit einflussreich operierenden Naturschutzverbände wie WWF oder Greenpeace, die ansonsten um jede Nationalparkausweisung erbittert kämpfen, kennen dieses naturschutzfachlich wesentliche Raumplanungsinstrument zumeist nicht einmal.

fachlich betrachtet setzen alpine Ruhezonen damit dort an, wo raumplanungsspezifische Freiflächenausweisungen (Grünkorridore, Grüngürtel etc.) zumeist enden (Schoßleitner 2016: 5). Die Ausweisung von alpinen Ruhezonen kann Lücken schließen und bislang nicht geschützte Gebiete unter Schutz stellen (Schoßleitner 2016: 6), indem dem Freiraumschutz eine Vorrangfunktion zugewiesen wird. Die Beschreibung der vereinbaren und unvereinbaren Infrastrukturen fällt sehr umfangreich aus, dennoch „erhebt die Darstellung der Nutzungsmöglichkeiten und -grenzen in alpinen Ruhezonen nicht den Anspruch auf Vollständigkeit" (Schoßleitner 2016: 12). Um allerdings auf der Landesebene „eine Überladung der planerischen Darstellung zu vermeiden, werden zur Abgrenzung alpiner Ruhezonen nur ausgewählte (großflächige) ‚Ausschlussflächen' herangezogen: Schigebiete, Verkehrsflächen von überörtlicher Bedeutung und Gewinnstellen für den oberflächigen Rohstoffabbau" (Schoßleitner 2016: 49). Damit dient die Studie „in erster Linie zu einer Abschätzung des räumlichen Ausmaßes alpiner Ruhezonen im Land Salzburg" (Schoßleitner 2016: 49). Bei der Abgrenzung von Intensivnutzungen innerhalb alpiner Ruhezonen ist zur Vermeidung indirekter Belastungen die Anwendung von Pufferzonen mit definierten, abgestuften Meterabständen zukünftig vorstellbar, die – analog zum eigenen analytischen Vorgehen in der Schweiz – abhängig von jeweils hervorgerufenen Emissionen (Lärmbelastung als eine der wesentlichsten negativen Einflüsse) festgelegt werden könnten. Linienobjekte würden somit zu Trassen werden (vgl. Schoßleitner 2016: 47).

Die Weißzonen in Vorarlberg entsprechen derzeit einem Inventar ohne raumplanerische Verbindlichkeit. Allerdings ist ein Bekenntnis zur Schaffung von Weißzonen sowohl in der Vorarlberger Tourismusstrategie 2020 als auch im Arbeitsprogramm der Landesregierung 2014–2019 verankert. Aus derzeitiger Sicht soll noch im Jahr 2017 ein Inventar „Weißzone" veröffentlicht werden. Dieses hat keine raumplanungsgesetzliche Verbindlichkeit, bildet aber eine wichtige Fachgrundlage für Gutachten von Sachverständigen.

Analog zu den anderen auf GIS-Analysen basierenden Ansätzen z. B. in der Schweiz identifiziert der Südtiroler Ansatz die großflächig noch bestehenden Freiräume entlang des Alpenhauptkamms der südlichen Ötztaler und Zillertaler Alpen sowie der Hohen Tauern, die teilweise auch durch Naturparke geschützt sind (z. B. Rieserferner-Ahrn). Auch außerhalb des Hauptkamms gibt es in hochalpinen Gebirgsmassiven wie der Ortlergruppe oder den Dolomiten noch beträchtliche Freiräume. Die Südtiroler Analyse ermittelt jedoch einen deutlich höheren Freiraumanteil als die anderen Studien, da die Pufferung von Infrastruktur mit fünf Metern sehr klein gewählt wurde und sich zudem zahlreiche Skigebiete mit den dazugehörigen Eingriffen in die Natur innerhalb der identifizierten Freiräume befinden (z. B. Sulden, Schnalstaler Gletscher). Das vermindert die Aussagekraft der Ergebnisse und könnte zum politischen Fehlschluss verleiten, alpine Freiräume seien kein knappes, besonders schützenswertes Gut.

Die für die Schweiz erarbeiteten Vorschläge zur Freiraumidentifikation weisen derzeit lediglich einen wissenschaftlich-gutachterlichen Charakter auf. Sie haben keine raumplanerische Verbindlichkeit, sondern stellen ein Zwischenergebnis eines laufenden Forschungsvorhabens dar.

In Vorbereitung auf die GIS-Analyse wurden in einer Vorstudie zunächst die Kantonsplaner von Graubünden und Uri interviewt. Diese Kantone wurden gewählt, weil sich diese in einem direkten Vergleich sehr unterschiedlich darstellen, aber beide einen hohen Anteil an „alpiner Fläche" aufweisen und somit durchaus mit der Thematik der naturnahen Freiräume konfrontiert sind. Außerdem wurde eine Expertin der Schweizerischen Vereinigung für Landesplanung (VLP ASPAN) befragt, da dieser Verband die Landesplaner aller Kantone vereinigt und dadurch einen gesamtheitlichen Blick über das gesamte Landesgebiet hat, insbesondere in rechtlichen Fragen der Raumordnung und räumlichen Planung. Diese Interviews wurden mittels eines halbstandardisierten Leitfadens geführt, der im Wesentlichen folgende Themenbereiche abdeckt:

- Definition „Freiraum" und Abgrenzungskriterien
- Einschätzung der aktuellen Situation und des Bedarfs an Freiraumschutz
- Raumplanung: Instrumente, Implementierung, Akteure, Hemmnisse
- Rolle der Landwirtschaft und des Tourismus und Nutzungskonkurrenzen
- Grenzüberschreitende Zusammenarbeit
- Bedarf an Ausklärung in Sachen Freiraumschutz

Sichtweise von Experten zum raumplanerischen Umgang mit den Freiräumen in der Schweiz

Im Folgenden wird sehr knapp die Quintessenz der Experten zu den Hemmnissen der Freiraumplanung skizziert und Lösungsansätze für die Sicherung von naturnahen Freiräumen in den Schweizer Alpen werden umrissen.

Hemmnisse der Freiraumplanung aus Sicht der Experten:

- Starke Lobby (vor allem Landwirtschaft)
- Bund überlässt die Raumplanung den Kantonen, trotzdem sehr komplizierte Zuständigkeiten
- Beschreibungseinheiten der Gebiete des Bundesinventars der Landschaften und Naturdenkmäler (BLN) zu knapp
- Problem: wirtschaftliche Förderung des peripheren Raums für Chancengleichheit
- Energieproduktion als Nutzungskonkurrenz
- Prüfung der Kantonalen Richtpläne durch das Bundesamt für Raumentwicklung zu lasch
- Differenzierung in Bauzone und Nicht-Bauzone als veraltete Vorstellung; Frage nach einer neuen Planungskultur
- Thematik des Freiraumschutzes insgesamt selten auf der raumplanerischen Agenda

Lösungsansätze für die Freiraumplanung aus Sicht der Experten:

- Mehr Beratung der Gemeinden
- Stärkere Vorgaben im Kantonalen Richtplan
- Freiraum als Funktion konkreter definieren, wie z. B. Funktion „Wohnen"
- Regionaler Richtplan als Instrument (Beispiel Zürich)
- Ausweitung des BLN: vor allem konkrete Beschreibungen und Festlegungen
- Ausweisung von Regionalen Naturpärken
- Landschaftsentwicklungskonzept auf Gemeinde- oder Kantonsebene
- Weitere Novellierung des Raumplanungsgesetzes über derzeit stattfindende Evaluation der Bauzonen hinaus (sehr ungewiss)
- Verpflichtung zu Gutachten der Eidgenössischen Natur- und Heimatschutzkommission (ENHK) (hohes Gewicht, aber vor allem auf Ästhetik ausgerichtet)
- Weitere Sensibilisierung und Aufklärung bezüglich Freiraumschutz nötig

7.5 Zusammenfassung: Stand des Freiraumschutzes in den deutschsprachigen Alpenländern

Leider hat es im gesamten Alpenraum bis dato mit Ausnahme des bayerischen Alpenplans und der Tiroler Ruhegebiete zu keiner weiteren vergleichbar verbindlichen Planung im Rahmen der Raumordnung und räumlichen Planung gereicht.[21] Es mangelt offenbar an einer Sensibilisierung der Entscheidungsträger dafür, dass naturnahe Freiräume nicht zufällig bestehen bleiben oder sich gar selbst erhalten (Baier/Erdmann/Holz et al. 2006: 8). Die Nutzungskonkurrenzen sind zu groß und werden immer größer. Meist hat die Berücksichtigung des Freiraum- und Naturschutzes in den nationalen Fachgesetzen eher einen symbolischen Charakter und wird nur als ein öffentliches Interesse unter vielen angesehen. Insofern konstatierten Baier/Czybulka/Erdmann et al. (2006: 566) bereits vor mehr als zehn Jahren richtigerweise und auch heute unverändert aktuell: „Ein gesellschaftliches Bewusstsein für den öko-sozialen Wertgegenstand ‚Freiraum' ist deshalb ebenso wenig erkennbar, wie ein daran zu knüpfendes politisches, legislatives und exekutives Konzept für seine Erhaltung und Entwicklung." Es braucht demnach zukünftig ein besseres Verständnis für die raumfunktionale Ordnung nach Nutzungen unterschiedlicher Intensitätsstufen. Es braucht die vermehrte raumplanerische Sicherung von Freiräumen als Schutzgebiete für Mensch und Natur. Es braucht eine neue Raumordnungsarchitektur, die auch Nutzgebiete klar definiert (Haßlacher 2016c; Mayer/Strubelt/Kraus et al. 2016).

Jedenfalls kann für den deutschsprachigen Alpenraum festgestellt werden, dass es bezüglich des Erhalts von Freiräumen bislang keine harmonisierten grenzübergreifenden Ansätze gibt. Dies hat verschiedene Gründe:

- Problemlage und Flächennutzungsdruck sowie daraus resultierende Friktionen in den 1960/1970er Jahren mit sehr unterschiedlichen Ausgangssituationen in den einzelnen Nationalstaaten (Ruppert 2004)
- Existenz von deutlichen Sprach-, Kultur- und Mentalitätsgrenzen in den Alpen und ausgeprägte sektorale Zuständigkeiten in der Politik (Bätzing 2014)
- Unterschiedliche Regelung der Raumordnungskompetenz und des Rechtsrahmens der Fachplanung Naturschutz in den jeweiligen Nationalstaaten (Problem des Föderalismus, vgl. Bätzing 2015a)
- Unterschiedlicher Bedeutungsgehalt der Alpenkonvention je nach Territorialstaat und mangelnde Verbindlichkeit in der Umsetzung (vgl. Kapitel 4.1)
- Problem staatlicher Rahmensetzungen in Regularien, Förderpolitik und EU-Kohäsionsfonds-Subventionierungen, z. B. in Südtirol, wo Bergbahnen häufig bereits nach 20 Betriebsjahren erneuert werden (da Neubau günstiger ist als aufwendige Renovierungen) und des in Teilen übertriebenen Alm- und Forstwegebaus in Bayern, wo etwa im Oberallgäu Förderquoten von 90 % erreicht wurden (Mayer/Strubelt/Kraus et al. 2016)

Ein Blick in das aktuelle bayerische Landesentwicklungsprogramm offenbart, dass bislang wenig Aussagen im Bereich der Landesplanung getroffen werden, die über Staatsgrenzen hinausreichen. Zum einen ist dort fixiert, dass die „grenzüberschreitend festgelegten Zentralen Orte mit Österreich [...] die grenzüberschreitende Entwicklung und Zu-

[21] Abzusehen ist, dass das Land Salzburg hier bald im Rahmen der derzeit laufenden LEP-Novellierung nachzieht.

sammenarbeit besonders vorantreiben“ sollen (Punkt 5 b ff., 2.1.10 G im Entwurf zur Änderung des LEP Bayern vom 12. Juli 2016), was sich auf fünf Achsen bezieht. Älter ist die vom Oberzentrum Salzburg angetriebene, befürchtete Kaufkraftabflüsse tangierende Regelung 5.3.5., die in Grenzregionen Zielabweichungsverfahren bei Einzelhandelsplanungen erleichtert, um auf deutscher Seite konkurrenzfähig zu bleiben. Neuerdings wird wegen der wintertouristischen Konkurrenz Österreichs[22] versucht, auch den als landesplanerisches Steuerungsinstrument bewährten Alpenplan aufzuweichen (vgl. Kapitel 5.1). Dabei geschieht die Umkehrung der grundsätzlichen Raumordnungsperspektive als strategische, proaktiv agierende und somit Konflikte vermeidende Koordinationsaufgabe sich widersprechender räumlicher Funktionen, die in diesem Fall die von kommunaler Konkurrenz getriebene Tourismusspirale seit 1972 ausgehebelt hat, ohne eine Behinderung des Fremdenverkehrs zu bedingen (contra den gemeindlichen Investitionswettlauf).[23] Diese Aussagen konterkarieren den Freiraumschutz und schwächen die Potenziale der Landesplanung in Sachen harter, langfristig ausgerichteter Instrumente, denn zu für den Alpenraum und sein Vorland zentralen Themen wie Tourismus und Schutzgebieten wünschte man sich in Zeiten eines Europas der Regionen entschieden mehr Weitblick.

Der Freiraumschutz in den Alpen ist relevant für die Bewahrung des Naturerbes (Biodiversität), die Erhaltung der Landschaftsästhetik, die Sicherstellung der von diesen Flächen ausgehenden Ökosystemleistungen und die Gewährleistung der klassischen landschaftsbezogenen Erholungsvorsorge. Dies gilt es zu gewährleisten, ohne jedoch Wirtschaft und Verkehr über Gebühr einzuschränken. Denn die Alpen müssen als Lebens- und Wirtschaftsraum für die Einheimischen erhalten bleiben. Vor diesem Hintergrund sollten unbedingt strategische Freiräume festgelegt und ihre planerisch-instrumentelle Umsetzung in der Raumordnung und räumlichen Planung implementiert werden. Das ist die zeitgemäße Rolle der Raumordnungsinstitutionen im Sinne der Koordinationsaufgabe von widerstreitenden Raumnutzungsfunktionen im Alpenraum.

7.6 Desiderata

Zentrale Resultate und daraus abgeleitete künftige Herausforderungen sowie Handlungsempfehlungen unserer Analysen lauten:

- Eine alpenweite Harmonisierung von Daten für raumstrukturelle GIS-Analysen ist dringend erforderlich.
- In Bayern braucht es unbedingt eine generelle Fortschreibung des Alpenplans - jedoch nicht, wie derzeit politisch forciert, auf einer singulären Debatte um den derzeit berühmtesten Berg Deutschlands fußend und zonale Zuordnungen beliebig verschiebend. Der GIS-analytische Stand der Technik, die Biotop- und Georisk-Kartierungen und ähnliches mehr[24] sind dabei einzubeziehen. Mehr noch, es

[22] In der Begründung zum Entwurf der Teilfortschreibung des Landesentwicklungsprogramms Bayern zur Zonierung des Alpenplans (Stand 07. Februar 2017) heißt es wörtlich: „So stehen aktuell in Österreich Seilbahnen mit über 2.900 Aufstiegsanlagen zur Verfügung“ und damit um ein Vielfaches mehr als im allerdings viel kleineren Alpenanteil Bayerns.

[23] Da die Erschließungspläne für das Riedberger Horn keineswegs rezenten Datums sind, sondern bislang mehrfach Versuche für einen Ausbau der betreffenden Anlagen – vor dem jetzigen zuletzt im Jahr 2010 – getätigt wurden, aber in den Alpenplan-Fortschreibungen seit 1972 bis zuletzt 2013 immer abgelehnt und das betreffende Gebiet immer in der Zone C belassen wurde, zeigt sich an diesem Fallbeispiel erneut der von in Sachen Erschließung der Alpen durch Infrastruktur strukturelle Nachteil: Seilbahnbetreiber können mannigfache Anläufe zur Durchsetzung ihrer Vorhaben tätigen. Versagt die Raumordnung auch nur ein einziges Mal, dann ist wieder eine Geländekammer zu einer alpinen Skigebietsfläche umgewandelt (Haßlacher 2006: 100).

[24] Dies trifft auch auf die Nomenklatura der Zonen und deren Farbgebung zu, die unbedingt nach dem gängigen Ampelschema zu gestalten sind.

braucht auch die räumliche Erweiterung des Alpenplans mit anderen Vorzeichen vom Alpenraum im engeren Sinn (101 Gemeinden) auf die Fläche der gesamten Alpenlandkreise Bayerns (Kulisse der Alpenkonvention). Denn sie leiden unter extremem Bevölkerungs- und Flächennutzungsdruck (vgl. Mayer/Job 2014). Deshalb benötigt es einerseits den Ordnungsraum mit Vorranggebieten zur nachhaltigen Entwicklung der Siedlungsstruktur (an ÖPNV-Achsen) und andererseits Landschaftliche Vorranggebiete für Grundwasser-, Boden- und Biotopschutz (ARL 2016: 2). Klarerweise darf es keine Novellierung des Landesentwicklungsprogramms geben, die den Alpenplan durch einen erstmaligen Eingriff in die Zone C schwächt. Weiterhin sollte künftig jede Zone C von einer Zone B umgeben sein, um die Pufferfunktion zu gewährleisten. Außerdem sollten die C-Zonen immer weniger zerschnitten sein als die B-Zonen (im Sinne von Alm-/Forstwegen).

- Als Kompensation für die zahlreichen Neuerschließungen von Aufstiegshilfen zur Verbindung von Skigebieten in Tirol in den letzten Jahren ist die Ausweisung weiterer Ruhegebiete dringend erforderlich. Bestehende Ruhegebiete dürfen zudem nicht von Erschließungsprojekten direkt oder indirekt beeinträchtigt werden.
- Für Salzburg, Vorarlberg, Südtirol und die Schweiz wäre es wünschenswert, dass die bestehenden bzw. in Konzeption befindlichen Ansätze zum Freiraumschutz in die Raumordnung und räumliche Planung implementiert werden. Dabei wäre aus Gründen ökologischer Konnektivität aber auch bei der Vorhaltung naturnaher, siedlungsnäherer Erholungsgebiete eine im Vergleich zu bisherigen Ausweisungen stärkere Berücksichtigung der vielfach bereits stark erschlossenen niedrigeren Höhenstufen und Talbereiche erstrebenswert, damit sich alpine Freiräume nicht – analog zu den alpinen Nationalparks (vgl. Mayer/Mose 2017) – nur auf ohnehin wirtschaftlich uninteressante, hochalpine „worthless lands" erstrecken. Selbiges Desiderat gilt selbstverständlich auch für den bayerischen Alpenplan und die Tiroler Ruhegebiete.
- Der Ausbau erneuerbarer Energie in den Alpen (Szenario „Unterlieger-Perspektive" in Bätzing 2015b) bzw. die im Zuge der Bemühungen um die Energiewende und/oder möglicherweise zunehmender sommerlicher Wasserknappheit in den Vorländern anzulegenden zusätzlichen Stauseen für Energiegewinnung, -veredelung und -speicherung bzw. Trink- und Brauchwasservorhaltung wird absehbar zu einer vermehrten Beeinträchtigung noch intakter alpiner Freiräume führen (Kraxner/Leduc/León et al. 2016: 93).
- Selbige Gefahr besteht ebenfalls beim möglichen Eintreten verschiedener Klimaerwärmungsszenarien innerhalb der kommenden Jahrzehnte, deren Auswirkungen für die Skitourismusbranche zur teilweise existenziellen Bedrohung werden könnten. Diese wiederum könnten den Drang, bisher geschützte Hochlagen und noch vorhandene, skitechnisch nutzbare Gletscherflächen zu erschließen, wieder verstärkt aufleben lassen. An nicht realisierten Projektskizzen aus der Vergangenheit besteht diesbezüglich kein Mangel (vgl. Mayer/Mose 2017).
- Probleme des Freiraumschutzes existieren nicht nur in den oberen Höhenstockwerken der Alpen, sondern vielmehr auch in mittleren und tieferen Lagen sowie in den Talschaften (z. B. Zweitwohnungsproblematik) und dort mitunter sogar gravierender. Dies verlangt nach einer stärkeren Forschung über Freiräume in Talbereichen (vgl. Wüstemann 2017).
- Eine alpenweite Identifikation und Verifikation derzeit noch existierender Freiräume nach einheitlicher Definition und Analysemethode ist ein Muss.

- Die Alpenkonvention und insbesondere das Raumordnungsprotokoll müssen wieder einen gebührenden Platz auf der politischen Agenda der Alpenstaaten erhalten. Die Alpenkonvention ist besser geeignet, eine nachhaltige Entwicklung der Alpen als Ganzes zu erreichen als die EUSALP-Strategie. Diese Notwendigkeit grenzüberschreitender Koordination und Zusammenarbeit in Raumordnung und räumlicher Planung sowie der Fachplanung Naturschutz unterstreicht auch eine Forderung von Plassmann (2016: 32): „To insure cohesion of nature conservation quality and of the type of measures applied for the whole Alpine arch, a minimum of coordination and harmonisation of approaches between the Alpine countries is needed." Eine erfolgreiche Umsetzung des alpinen Freiraumschutzes vor Ort kann aber nur gelingen, wenn auch in der Bevölkerung der betreffenden Talschaften im Rahmen partizipativer Kommunikationsprozesse Akzeptanz für die raumplanerischen Festlegungen erreicht werden (vgl. Plassmann 2016: 32).

Literatur

Abegg, B.; Steiger, R. (2016): Herausforderung Klimawandel: Alpiner Skitourismus unter Anpassungsdruck. In: Geographische Rundschau 68 (5), 16-21.

Affolter, D.; Haller, H. (2011): The Continuum Suitability Index Technical Report. Hannover. Unveröffentlicht.

Amt der Tiroler Landesregierung (1981): Tiroler Erholungsraumkonzept. Innsbruck.

Amt der Tiroler Landesregierung (2005): Tiroler Raumordnungsprogramm betreffend Seilbahnen und skitechnische Erschließungen 2005. Innsbruck.

ARE – Bundesamt für Raumentwicklung; BWO – Bundesamt für Wohnungswesen (2014): Freiraumentwicklung in Agglomerationen. Bern.

ARL – Akademie für Raumforschung und Landesplanung (2016): Großschutzgebiete, Biodiversität und räumliche Planung. Hannover. = Positionspapier aus der ARL 107.

BAFU – Bundesamt für Umwelt (2009): Lärmbelastung in der Schweiz – Ergebnisse des nationalen Lärmmonitorings SonBase. Bern.

BAFU – Bundesamt für Umwelt (2016): Einzugsgebietsgliederung Schweiz. https://www.bafu.admin.ch/bafu/de/home/themen/wasser/zustand/karten/einzugsgebietsgliederung-schweiz.html (13.03.2017).

BAFU – Bundesamt für Umwelt; WSL – Eidgenössische Forschungsanstalt für Wald, Schnee und Landschaft (2013): Neue Ansätze zur Erfassung der Landschaftsqualität. Zwischenbericht Landschaftsbeobachtung Schweiz (LABES). Bern.

Baier, H. (2006): Freiraum – Versuch einer fachlich-inhaltlichen Beschreibung. In: Baier, H.; Erdmann, F.; Holz, R.; Waterstraat, A. (Hrsg.): Freiraum und Naturschutz. Die Wirkungen von Störungen und Zerschneidungen in der Landschaft. Berlin/Heidelberg, 386-396.

Baier, H.; Czybulka, D.; Erdmann, F.; Holz, R.; Klenke, R.; Waterstraat, A. (2006): Freiraum-Landschaft 2020 – Fazit und Ausblick. In: Baier, H.; Erdmann, F.; Holz, R.; Waterstraat, A. (Hrsg.): Freiraum und Naturschutz. Die Wirkungen von Störungen und Zerschneidungen in der Landschaft. Berlin/Heidelberg, 565-578.

Baier, H.; Erdmann, F.; Holz, R.; Klenke, R.; Waterstraat, A. (2006): Problemaufriss und Forschungsansatz. In: Baier, H.; Erdmann, F.; Holz, R.; Waterstraat, A. (Hrsg.): Freiraum und Naturschutz. Die Wirkungen von Störungen und Zerschneidungen in der Landschaft. Berlin/Heidelberg, 3-16.

Barker, M. L. (1982): Comparison of Parks, Reserves, and Landscape Protection in Three Countries of the Eastern Alps. In: Environmental Conservation 9 (4), 275-285.

Barnick, H. (1980): ‚Alpine Raumordnung' – ein wichtiger Teil der Tiroler Raumordnung. In: Berichte zur Raumforschung und Raumplanung 24 (5), 3-7.

Barnick, H. (1985): „Alpine Raumordnung“. In: Österreichische Gesellschaft für Raumordnung und Raumplanung (Hrsg.): 30 Jahre Raumplanung in Österreich. 30 Jahre ÖGRR 1954–1984. Wien, 262-265. = Schriftenreihe der Österreichischen Gesellschaft für Raumforschung und Raumplanung 29.

Bätzing, W. (2014): Eine makroregionale EU-Strategie für den Alpenraum. Eine neue Chance für die Alpen? In: Jahrbuch des Vereins zum Schutz der Bergwelt 79, 19-32.

Bätzing, W. (2015a): Die Alpen – Geschichte und Zukunft einer europäischen Kulturlandschaft. München.

Bätzing, W. (2015b): Zwischen Wildnis und Freizeitpark. Eine Streitschrift zur Zukunft der Alpen. Zürich.

Bätzing, W. (2016): 25 Jahre Alpenkonvention – Bilanz und Ausblick. In: Haßlacher, P. (Hrsg.): 25 Jahre Alpenkonvention – Ein- und Ausblicke. Innsbruck/Igls, 11-38.

Bayerle, G. (2016): Erdrutschgefahr. Die Zukunft des bayerischen Alpenplans. In: MUH. Bayerische Aspekte 23, 35-36.

Bender, O.; Roth, C. E.; Job, H. (2017): Protected areas and population development in the Alps. eco.mont 9, special issue, 5-16.

Berger, E. (1968): Niemals Watzmannbahn. In: Jahrbuch des Vereins zum Schutze der Alpenpflanzen und -tiere 33, 134-142.

Berwert, A.; Rütter, H.; Müller, H. (2002): Volkswirtschaftliche Bedeutung des Tourismus im Kanton Wallis. In: disP 38 (149), 4-12.

BfN - Bundesamt für Naturschutz (2017): Wildnisgebiete. https://www.bfn.de/0311_wildnis.html (10.03.2017).

BMUB - Bundesministerium für Umwelt, Naturschutz, Bau und Reaktorsicherheit (Hrsg.) (2016): Alpine Nature 2030 - Creating [ecological] connectivity for generations to come. Berlin.

BMVBS - Bundesministerium für Verkehr, Bau und Stadtentwicklung; BBR - Bundesamt für Bauwesen und Raumordnung (2006): Freiraumschutz in Regionalplänen. Hinweise für eine zukunftsfähige inhaltliche und strukturelle Ausgestaltung. Bonn. = Werkstatt: Praxis 40.

Boller, F. (2007): Remoteness im Südalpenraum Chance für den Wandertourismus. Der Wandertourismus in den remoten Gebieten des Sopraceneri und Moesano. Zürich. Unveröffentlichte Diplomarbeit.

Boller, F.; Hunziker, M.; Krebs, P. (2008): Faszination Remoteness - Wandern in entlegenen Tälern der Südschweiz. In: WSL Informationsblatt Landschaft 70, 1-6.

Breitenberger, I. (2010): Unerschlossene Gebiete Südtirols. In: Naturschutzblatt 26 (3), 3-5.

Bundesamt für Landestopografie Swisstopo (2017): Das Topografische Landschaftsmodell TLM. https://www.swisstopo.admin.ch/de/wissen-fakten/topografisches-landschaftsmodell.html (15.03.2017).

CIPRA Deutschland (2015): Erfolgsbilanz des Alpenplans. http://www.cipra.org/de/cipra/deutschland/alpenpolitik/alpenplan-1/erfolgsbilanz-des-alpenplans (13.03.2017).

CIPRA Deutschland (2016): Rettet die Alpen, rettet den Alpenplan! http://www.alpenverein.de/presse/rettet-die-alpen-rettet-den-alpenplan_aid_28604.html (12.03.2017).

CIPRA International (2017): Worthwild. Umgang mit unerschlossenen Räumen in den Alpen. http://www.cipra.org/de/cipra/international/projekte/laufend/worthwild (13.03.2017).

Clauß, A. (2016): 778 für alle. In: Der Spiegel (39), 24.09.2016, 38-39.

Deutscher Rat für Landespflege (2006): Durch doppelte Innenentwicklung Freiraumqualitäten erhalten. In: Deutscher Rat für Landespflege (Hrsg.): Freiraumqualitäten in der zukünftigen Stadtentwicklung. Bonn, 5-39. = Schriftenreihe des Deutschen Rates für Landespflege 78.

Dietmann, T.; Spandau, L. (1996): Renaturierung eines Skigebietes. Beitrag zu einem sanften Tourismus im Alpenraum? In: Geographische Rundschau 48 (3), 152-158.

EEA - European Environment Agency (2011): Landscape fragmentation in Europe. Kopenhagen.

Erlacher, R. (2014): Makroregionale Strategie Alpen und Alpenkonvention: Es muss nicht zusammenwachsen, was nicht zusammengehört! In: Jahrbuch des Vereins zum Schutz der Bergwelt 79, 33-68.

Essl, J. (2013): ALPEN.LEBEN - Die Rolle der Alpenkonvention in einer makroregionalen Alpenraumstrategie. In: Die Alpenkonvention 71 (2), 3-4.

Essl, J. (2014): Für einen starken Alpenraum - Weichenstellungen für die Zukunft im Rahmen der EUSALP. In: Die Alpenkonvention 76 (3), 2-4.

Essl, J. (2017): Die Kalkkögel kommen nicht zur Ruhe. In: Innsbruck Alpin 1, 36-37.

Essl, J.; Beringer, E.; Schabhüttl, S.; Burger-Scheidlin, H. (2014): Alpen.Leben - Die Zukunft der Alpenkonvention und ihre Chancen im Rahmen einer makroregionalen Strategie. Wien.

Europäische Kommission (2009): Communication of the European Commission to the European Parliament, the European Council, the European Economic and Social Committee and the

Committee of the Regions concerning the European Union Strategy for the Baltic Sea Region. Brüssel.

Europäische Kommission (2015): Mitteilung der Kommission an das Europäische Parlament, den Rat, den Europäischen Wirtschafts- und Sozialausschuss und den Ausschuss der Regionen zu einer Strategie der Europäischen Union für den Alpenraum. Brüssel.

Europäische Kommission (2016): Bericht der Kommission an das Europäische Parlament, den Rat, den Europäischen Wirtschafts- und Sozialausschuss und den Ausschuss der Regionen zur Durchführung makroregionaler Strategien der EU. Brüssel.

Falk, M. (2013): A survival analysis of ski lift companies. In: Tourism Management 36, 377-390.

Fanderl, R. (2016): Ein Kampf, der sich gelohnt hat. http://www.br.de/radio/bayern2/politik/nahaufnahme/25-jahre-geigelstein-100.html (13.03.2017).

Farinós Dasí, J. (2007): Governance of Territorial and Urban Policies from EU to Local Level. Final Report of ESPON Project 2.3.2. Esch-sur-Alzette.

Fischler, R. (2017): Die Ausweisung von Schutzgebieten in Tirol. In: Tiroler Landeszeitung 1, 19.

Fitzthum, G. (2017): Skischaukel in der Tabu-Zone. In: Frankfurter Allgemeine Zeitung (4), 05.01.2017, 0R1.

Fritz, G. (1984): Erhebung und Darstellung unzerschnittener, relativ großflächiger Wälder der BRD. In: Natur und Landschaft 59 (7/8), 284-286.

Goppel, K. (2003): Raumordnungspläne im Alpenraum. In: ARL – Akademie für Raumforschung und Landesplanung (Hrsg.): Raumordnung im Alpenraum. Hannover, 119-128. = Arbeitsmaterial der ARL 294.

Goppel, K. (2012): 40 Jahre bayerischer Alpenplan – Eine Erfolgsgeschichte. In: Jahrbuch des Vereins zum Schutz der Bergwelt 77, 53-64.

Gräf, P. (1982): Wintertourismus und seine spezifischen Infrastrukturen im deutschen Alpenraum. In: Berichte zur deutschen Landeskunde 56 (2), 239-274.

Grenoble Resolution (2013): Political resolution towards an EU strategy for the Alpine region. Political conference on the EU-Alpine Region Strategy, 18.10.2013. Grenoble.

Grötzbach, E. (1985): The Bavarian Alps. Problems of Tourism, Agriculture and Environment Conservation. In: Singh, T. V.; Kaur, J. (Hrsg.): Integrated Mountain Development. New Delhi, 141-155.

Haller, R. (2016): Mapping relevant factors for ecological connectivity – The JECAMI mapping service. In: BMUB – Bundesministerium für Umwelt, Naturschutz, Bau und Reaktorsicherheit (Hrsg.): Alpine Nature 2030 – Creating [ecological] connectivity for generations to come. Berlin, 137-146.

Hammer, T.; Mose, I.; Siegrist, D.; Weixlbaumer, N. (Hrsg.) (2015): Parks of the Future. München.

Häpke, U. (2012): Freiraumverluste und Freiraumschutz im Ruhrgebiet. Common-Property-Institutionen als Lösungsansatz? Dortmund. = Dortmunder Beiträge zur Raumplanung 139.

Haßlacher, P. (1991): Ruhegebiete als Instrumente der alpinen Raumordnungspolitik. Realisierungsansätze in Österreich. In: Österreichischer Alpenverein (Hrsg.): Die Alpen im Mittelpunkt. Innsbruck, 15-30. = Fachbeiträge des Österreichischen Alpenvereins – Alpine Raumordnung 5.

Haßlacher, P. (1992): Alpine Ruhezonen. Bestandsaufnahme und Zukunftsperspektiven. Vaduz. = CIPRA Kleine Schriften 4/92.

Haßlacher, P. (2006): Trends weiterer Erschließungen von Schigebieten im Alpenraum. In: Jahrbuch des Vereins zum Schutz der Bergwelt 71, 95-104.

Haßlacher, P. (2007a): Alpine Raumordnung. Gestern – Heute – Morgen. In: Ländlicher Raum. Online-Fachzeitschrift des Bundesministeriums für Land- und Forstwirtschaft, Umwelt und Wasserwirtschaft.

Haßlacher, P. (2007b): Schutzgebiets- und Erholungsraumplanung in Tirol im Wandel der Zeit. Ein Streifzug seit 1960. In: Merlin, F. W.; Hellebart, S.; Machatschek, M. (Hrsg.): Bergwelt im Wandel. Festschrift Erika Hubatschek zum 90. Geburtstag. Klagenfurt, 81-90.

Haßlacher, P. (2011a): Bibliografie Alpine Ruhezonen (Stand November 2011). In: Österreichischer Alpenverein (Hrsg.): Tat-Ort IV: Seilbahnprojekte in Schutzgebieten: Kalkkögel/Tirol & Warscheneck/OÖ. Innsbruck, 35-48. = Fachbeiträge des Österreichischen Alpenvereins – Alpine Raumordnung 36.

Haßlacher, P. (2011b): Das Tiroler Ruhegebiet „Kalkkögel" im Dauervisier der Erschließer. Wann respektiert die Seilbahnwirtschaft endlich dieses alpine Schutzgebiet? In: Österreichischer Alpenverein (Hrsg.): Tat-Ort IV: Seilbahnprojekte in Schutzgebieten: Kalkkögel/Tirol & Warscheneck/OÖ. Innsbruck, 6-16. = Fachbeiträge des Österreichischen Alpenvereins – Alpine Raumordnung 36.

Haßlacher, P. (2013): Kommentar zur Makroregion Alpen. In: Die Alpenkonvention 73 (4), 9.

Haßlacher, P. (2016a): Intensiver und ungenierter Zugriff auf die Alpen. In: Die Alpenkonvention 84 (3), 2.

Haßlacher, P. (2016b): Alpenkonvention muss alpine Raumordnung endlich stärken. In: Die Alpenkonvention 83 (2), 7-9.

Haßlacher, P. (2016c): Neue alpine Raumordnungsarchitektur dringend erforderlich. In: Innsbruck Alpin 3, 37-41.

Haßlacher, P. (2016d): Die Alemagna-Wünsche werden uns noch länger beschäftigen. In: Die Alpenkonvention 84 (3), 10-11.

Haßlacher, P. (Hrsg.) (2016e): 25 Jahre Alpenkonvention – Ein- und Ausblicke. Innsbruck/Igls.

Haßlacher, P. (2016f): 25 Jahre Unterzeichnung der Alpenkonvention. Hat sich der lange und mühsame Weg zu einem besseren Alpenschutz gelohnt? In: Haßlacher, P. (Hrsg.): 25 Jahre Alpenkonvention – Ein- und Ausblicke. Innsbruck/Igls, 115-128.

Haßlacher, P. (2017): The protection of Alpine open spaces and the Alpine Convention – a timeline. In: eco.mont 9, special issue, 98.

Hedden-Dunkhorst, B.; Guth, M.-O. (2016): Linking policy, science and implementation – The Platform Ecological Network of the Alpine Convention. In: BMUB – Bundesministerium für Umwelt, Naturschutz, Bau und Reaktorsicherheit (Hrsg.): Alpine Nature 2030 – Creating [ecological] connectivity for generations to come. Berlin, 79-83.

Hensel, G. (1987): Der bayerische Alpenplan „Erholungslandschaft Alpen". In: Allgemeine Forstzeitschrift 42 (11), 270-271.

Huber, O. (2013): Eine Demo gegen Erschließungswahn und Naturzerstörung. http://wize.life/themen/kategorie/wissen/artikel/4234/eine-demo-gegen-erschliessungs wahn-und-naturzerstoerung (13.03.2017).

Internationale Alpenkonferenz der Umweltminister (1989): Konferenzpapier Internationale Alpenkonferenz der Umweltminister Berchtesgaden (9.–11. Oktober 1989). Resolution. Berchtesgaden.

IUCN – International Union for Conservation of Nature (2016): Wilderness Protected Areas: Management Guidelines for IUCN Category 1b Protected Areas. Gland.

Jaeger, J.; Esswein, H.; Schwarz-von Raumer, H.-G.; Müller, M. (2001): Landschaftszerschneidung in Baden-Württemberg. Ergebnisse einer landesweiten räumlich differenzierten quantitativen Zustandsanalyse. In: Naturschutz und Landschaftsplanung 33 (10), 305-317.

Jaeger, J.; Esswein, H.; Schwarz-von Raumer, H.-G. (2006): Landschaftszerschneidung messen: die Methode der effektiven Maschenweite m_{eff}. Zürich. http://www.concordia.ca/content/dam/artsci/geography-planning-environment/docs/jaeger/publications/more2b-faltblatt_deut.pdf (10.03.2017).

Job, H. (2005): Die Alpen als Destination – eine Analyse in vier Dimensionen. In: Mitteilungen der Österreichischen Geographischen Gesellschaft 147, 113-138.

Job, H. (2011): Wirtschaftsfaktor Wildnis. In: Bundesamt für Naturschutz (Hrsg.): Wildniskonferenz 2010. Bonn, 26-28. = BfN-Skripten 288.

Job, H.; Fröhlich, H.; Geiger, A.; Kraus, F.; Mayer, M. (2013): Der Alpenplan – eine raumplanerische Erfolgsgeschichte. In: Job, H.; Mayer, M. (Hrsg.): Tourismus und Regionalentwicklung in Bayern. Hannover, 213-242. = Arbeitsberichte der ARL 9.

Job, H.; Mayer, M.; Kraus, F. (2014): Die beste Idee, die Bayern je hatte: Der Alpenplan. Raumplanung mit Weitblick. In: Gaia 23 (4), 335-345.

Job, H.; Pütz, M. (2006): Aktuelle Struktur und Entwicklung der Flächennutzung in Bayern. In: Job, H.; Pütz, M. (Hrsg.): Flächenmanagement. Grundlagen für eine nachhaltige Siedlungsentwicklung mit Fallbeispielen aus Bayern. Hannover, 84-97. =Arbeitsmaterial der ARL 322.

Job, H.; Vogt, L. (2004): Freizeit/Tourismus und Umwelt. Umweltbelastungen und Konfliktlösungsansätze. In: Becker, C.; Hopfinger, H.; Steinecke, A. (Hrsg.): Geographie der Freizeit und des Tourismus. Bilanz und Ausblick. München, 851-864.

Job, H.; Woltering, M.; Warner, B.; Heiland, S.; Jedicke, E.; Meyer, P.; Nienaber, B.; Plieninger, T.; Pütz, M.; Rannow, S.; von Ruschkowski, E. (2016): Biodiversität und nachhaltige Landnutzung in Großschutzgebieten. In: Raumforschung und Raumordnung 74 (6), 481-494.

Karl, H. (1968): Seilbahnen in die letzten ruhigen Bereiche der bayerischen Alpen? In: Jahrbuch des Vereins zum Schutze der Alpenpflanzen und -Tiere 33, 144-161.

Karl, H. (1969): Landschaftsordnung und Bergbahnplanung – dringende Anliegen im bayerischen Alpenraum. In: Jahrbuch des DAV 1969, 152-160.

Köhler, S. (2003): Die Alpenkonvention – Chance für eine nachhaltige Entwicklung der Alpen. In: ARL – Akademie für Raumforschung und Landesplanung (Hrsg.): Raumordnung im Alpenraum. Hannover, 61-71. = Arbeitsmaterial der ARL 294.

Kohler, Y. (2016): Methods and tools for connectivity implementation in the Alps. In: BMUB – Bundesministerium für Umwelt, Naturschutz, Bau und Reaktorsicherheit (Hrsg.): Alpine Nature 2030 – Creating [ecological] connectivity for generations to come. Berlin, 127-130.

Kopf, M.; Marlin, A. (2016): Inventar Weißzone. Ursprüngliche und wenig erschlossene Landschaftsräume in Vorarlberg. Präsentation im Umweltausschuss des Landtags am 6. April 2016. Bregenz.

Kopf, M.; Marlin, A.; Obkircher, S. (2017): Inventar Weißzone Vorarlberg. Untersuchung wenig erschlossener Landschaftsräume. Amt der Vorarlberger Landesregierung. Bregenz. Unveröffentlicht.

Kraxner, F.; Leduc, S.; León, H. S.; Fuss, S.; Patrizio, P.; Yowargana, P. (2016): Expanding renewable energy within the Alpine ecological network. In: BMUB – Bundesministerium für Umwelt, Naturschutz, Bau und Reaktorsicherheit (Hrsg.): Alpine Nature 2030 – Creating [ecological] connectivity for generations to come. Berlin, 93-97.

Kreitmayer, C. (2015): E-Mail des Bayerischen Staatsministeriums für Umwelt und Verbraucherschutz an das Bayerische Staatsministerium der Finanzen, für Landesentwicklung und Heimat vom 30. Juni 2015. München.

Krippendorf, J. (1975): Die Landschaftsfresser. Tourismus und Erholungslandschaft – Verderben oder Segen? Bern.

Kußtatscher, K.; Breitenberger, I. (2010): Die Unerschlossenen Gebiete Südtirols. Bericht im Auftrag des Dachverbandes für Natur- und Umweltschutz in Südtirol.

Land Salzburg (2016): Entwurf zur Novellierung des Salzburger Raumordnungsgesetzes vom 21.12.2016.
http://service.salzburg.gv.at/publix/Index?cmd=dokumentansehen&prodextern=true&veroeffentlichungid=12557&gruppeldap=gesetz_entw (01.04.2017).

Larcher, M. (2016): Im Höhenrausch. In: Südtiroler Wochenmagazin 16, 26-35.

Laslaz, L. (2004): Vanoise. 40 ans de Parc National. Bilan et perspectives. Paris.

LfU – Bayerisches Landesamt für Umwelt (2015): Stellungnahme des Bayerischen Landesamtes für Umwelt vom 10.6.2016 im Auftrag des Bayerischen Staatsministeriums für Umwelt und Verbraucherschutz zum Antrag der VG Hörnergruppe zur Durchführung eines Zielabweichungsverfahrens nach Art. 4 BayLplG „Erweiterung des Skigebietes Grasgehren/Balderschwang zur Skischaukel am Riedberger Horn“. Augsburg.

Link, U. (1963): Hände weg von der Alpspitze! In: Jahrbuch des Vereins zum Schutze der Alpenpflanzen und -Tiere 28, 93-98.

Link, U. (1965): Jetzt auch der Hirschberg? In: Jahrbuch des Vereins zum Schutze der Alpenpflanzen und -Tiere 30, 96-99.

Link, U. (1967): Dem Inzeller Kienberg droht das Unheil. In: Jahrbuch des Vereins zum Schutze der Alpenpflanzen und -Tiere 32, 57-59.

Lintzmeyer, A.; Lintzmeyer, K. (1997): Einmalig im Bayerischen Alpenraum. Das Rotwandgebiet: Ein botanisch-geologisches Schmankerl. In: Jahrbuch des Vereins zum Schutz der Bergwelt 62, 45-128.

LUBW – Landesanstalt für Umwelt, Messungen und Naturschutz Baden-Württemberg (2016): Effektive Maschenweite.
http://www4.lubw.baden-wuerttemberg.de/servlet/is/20278/ (10.03.2017).

Mang, M. (2014): Neuer Anlauf für Skiverbund. In: Allgäu-Rundschau, 18.10.2014, 1.

Mayer, M., Hasenjäger, K. (2016): Towards a cultural landscape of alpine mass tourism? The landscape impact of tourism in the Alps revisited. In: Bender, O.; Baumgartner, J.; Heinrich, K.; Humer-Gruber, H.; Scott, B.; Töpfer, T. (Hrsg.): PECSRL 2016. Mountains, uplands, lowlands. European landscapes from an altitudinal perspective. Innsbruck, 155-156. = IGF-Forschungsberichte 7.

Mayer, M.; Job, H. (2010): Raumrelevante Konflikte zwischen Almwirtschaft, Naturschutz und Tourismus in den oberbayerischen Alpen. In: Naturschutz und Landschaftsplanung 42 (2), 55-63.

Mayer, M.; Job, H. (2014): Die Bayerischen Alpen als Lebens- und Wirtschaftsraum zwischen Nutzungs- und Schutzansprüchen. In: Chilla, T. (Hrsg.): Leben in den Alpen. Verstädterung, Entsiedlung und neue Aufwertungen. Bern, 31-48.

Mayer, M.; Kraus, F.; Job, H. (2011): Tourismus – Treiber des Wandels oder Bewahrer alpiner Kultur und Landschaft? In: Mitteilungen der Österreichischen Geographischen Gesellschaft 153, 31-74.

Mayer, M.; Mose, I. (2017): The opportunity costs of worthless lands: the nexus between national parks and glacier ski resorts in the Alps. In: eco.mont 9, special issue, 35-45.

Mayer, M.; Steiger, R. (2013): Skitourismus in den Bayerischen Alpen – Entwicklung und Zukunftsperspektiven. In: Job, H.; Mayer, M. (Hrsg.): Tourismus und Regionalentwicklung in Bayern. Hannover, 164-212. = Arbeitsberichte der ARL 9.

Mayer, M.; Strubelt, N.; Kraus, F.; Job, H. (2016): Der bayerische „Alpenplan" – viele Stärken und wenige Schwächen. In: Jahrbuch des Vereins zum Schutz der Bergwelt 81-82, 177-218.

Mayer, M.; Woltering, M.; Job, H. (2008): Tourismus und Regionalentwicklung in den bayerischen Alpen. In: Geographische Rundschau 60 (10), 40-46.

Meier, N. (2017): Ein Berg voll Ärger. In: Die Zeit (3), 12.01.2017, 13-15.

Mittermeier, R. A.; Mittermeier, C. G.; Brooks, T. M.; Pilgrim, J. D.; Konstant, W. R.; da Fonseca, G. A. B.; Kormos, C. (2003): Wilderness and Biodiversity Conservation. In: Proceedings of the National Academy of Sciences of the United States of America 100, 18, 10309-10313.

Nadin, V.; Stead, D. (2008): European Spatial Planning Systems, Social Models and Learning. In: disP 44 (172), 35-47.

Neger, T. (2016): Die Berücksichtigung von Puffer-, Schon- und Ruhezonen nach dem Energieprotokoll bei der Errichtung von Energieanlagen. In: Essl, J.; Schmid, S. (Hrsg.): Das Protokoll „Energie" der Alpenkonvention. Wien, 65-76. = Schriftenreihe zur Alpenkonvention 1.

Newman, P.; Thornley, A. (1996): Urban Planning in Europe. International competition, national systems and planning projects. London/New York.

o. V. (1971): Die neue Ordnung im Gebirge. In: Das Bayerland 73 (7), 4-6.

o. V. (2016): Chiemgauer Juwel. 25 Jahre Naturschutzgebiet Geigelstein. In: DAV Panorama 5, 80-81.

Pause, W. (1967): Wetterleuchten um die Aiplspitze. In: Jahrbuch des Vereins zum Schutze der Alpenpflanzen und -Tiere 32, 112-117.

Pause, W. (1970): Münchner Skiberge. München.

Plassmann, G. (2016): The conditions for success of nature protection in the Alps. In: BMUB – Bundesministerium für Umwelt, Naturschutz, Bau und Reaktorsicherheit (Hrsg.): Alpine Nature 2030 – Creating [ecological] connectivity for generations to come. Berlin, 32-36.

Pütz, M.; Job, H. (2016): Governance und Regionalentwicklung in Großschutzgebieten der Schweiz und Österreichs. In: Raumforschung und Raumordnung 74 (6), 569-583.

Pütz, U. (2017): Aus allen Rohren. In: dbmobil 2, 71-78.

Rat für Nachhaltige Entwicklung (2004): Mehr Wert für die Fläche: Das „Ziel-30-ha" für die Nachhaltigkeit in Stadt und Land. Empfehlungen des Rates für Nachhaltige Entwicklung an die Bundesregierung. Berlin. = Texte 11.

Regionalverband Tennengau (2002): Regionalprogramm Tennengau. Kurzfassung. Hallein.

Ritter, E.-H. (2005): Freiraum/Freiraumschutz. In: ARL – Akademie für Raumforschung und Landesplanung (Hrsg.): Handwörterbuch der Raumordnung. Hannover, 336-340.

Rupf, R.; Wyttenbach, M.; Köchli, D.; Hedinger, M.; Lauber, S.; Ochsner, P.; Graf, R. (2011): Assessing the spatiotemporal pattern of winter sports activities to minimize disturbance in Capercaillie habitat. In: eco.mont 3 (2), 23-32.

Ruppert, K. (2004): Das Übereinkommen zum Schutz der Alpen (Alpenkonvention). Wunsch und Wirklichkeit, ein Diskussionsbericht. In: Raumforschung und Raumordnung 62 (3), 227-229.

Saarinen, J. (2016): Wilderness use, conservation and tourism: what do we protect and for and from whom? In: Tourism Geographies 18 (1), 1-8.

Scheurer, T. (2016): Planning dynamic landscapes: Opportunities and limitations of spatial planning in creating ecological networks. In: BMUB – Bundesministerium für Umwelt, Naturschutz, Bau und Reaktorsicherheit (Hrsg.): Alpine Nature 2030 – Creating [ecological] connectivity for generations to come. Berlin, 85-87.

Schiller, G.; Siedentop, S. (2005): Infrastrukturfolgekosten der Siedlungsentwicklung unter Schrumpfungsbedingungen. In: disP 41 (160), 83-93.

Schmauck, S. (2015): Regionalparks als informelles Steuerungselement für den Natur- und Freiraumschutz in Europa. Kaiserslautern. Unveröffentlicht.

Schmid, S. (2016): Auf der Suche nach dem effektiven Alpenkonventionsrecht. In: Haßlacher, P. (Hrsg.) (2016): 25 Jahre Alpenkonvention – Ein- und Ausblicke. Innsbruck/Igls, 40-48.

Schoßleitner, R. (2016): Studie zur Festlegung alpiner Ruhezonen in der Salzburger Raumplanung. Umsetzungsvorschlag zur Abgrenzung alpiner Ruhezonen auf regionaler und örtlicher Planungsebene anhand bestehender Gebietsausweisungen. Salzburg. Unveröffentlichter Endbericht.

Sebald, C. (2011): Skitunnel nach Österreich. In: Süddeutsche Zeitung, (Nr. 20), 26.01.2011, R39.

Selle, K. (1995): Phasen oder Stufen? Fortgesetzte Anmerkungen zum Wandel des Planungsverständnisses. In: Raumplanung 71, 237-242.

Seydel, E. (1968): Heute geht es um den Brünnstein. In: Jahrbuch des Vereins zum Schutze der Alpenpflanzen und -Tiere 33, 121-124.

Siebel, W. (2006): Wandel, Rationalität und Dilemmata der Planung. In: Selle, K. (Hrsg.): Planung neu denken. Band 1: Zur räumlichen Entwicklung beitragen. Konzepte. Theorien. Impulse. Dortmund, 195-209.

Siedentop, S.; Egermann, M. (2009): Freiraumschutz und Freiraumentwicklung durch Raumordnungsplanung – zur Einführung. In: Siedentop, S.; Egermann, M. (Hrsg.): Freiraumschutz und Freiraumentwicklung durch Raumordnungsplanung – Bilanz, aktuelle Herausforderungen und methodisch-instrumentelle Perspektiven. Hannover, 1-7. = Arbeitsmaterial der ARL 349.

Siegrist, D.; Gessner, S.; Ketterer Bonnelame, L. (2015): Naturnaher Tourismus. Qualitätsstandards für sanftes Reisen in den Alpen. Bern.

Sieverts, T. (2012): Resilienz – Zur Neuorientierung des Planens und Bauens. In: disP – The Planning Review 48 (1), 83-88.

Soboll, A.; Dingeldey, A. (2012): The future impact of climate change on Alpine winter tourism: a high-resolution simulation system in the German and Austrian Alps. In: Journal of Sustainable Tourism 20 (1), 101-120.

Soboll, A.; Klier, T.; Heumann, S. (2012): The prospective impact of climate change on tourism and regional economic development: a simulation study for Bavaria. In: Tourism Economics 18 (1), 139-157.

Sonderegger, R. (2014): Zweitwohnungen im Alpenraum. Bewertung des alpenweiten Bestandes und der Situation in der Schweiz in Bezug auf eine Nachhaltige Entwicklung. Saarbrücken.

Speer, F. (2008): 35 Jahre Alpenplan in Bayern. Ein genialer Schachzug für den Naturschutz. In: Alpenvereinsjahrbuch 132, 282-287.

Ssymank, A.; Hauke, U.; Rückriem, C.; Schröder, E. (1998): Das europäische Schutzgebietssystem Natura 2000. BfN-Handbuch zur Umsetzung der Fauna-Flora-Habitat-Richtlinie und der Vogelschutz-Richtlinie. Bonn. = Schriftenreihe für Landschaftspflege und Naturschutz 53.

Ständiges Sekretariat der Alpenkonvention (2013): Beitrag der Alpenkonvention zum Prozess für eine makroregionale Strategie für die Alpen – ein Input Paper. Innsbruck.

Stankiewitz, K. (2012): Wie der Zirkus in die Berge kam. München.

Stead, D. (2011): European Macro-Regional Strategies: Indications of Spatial Rescaling? In: Planning Theory and Practice 12 (1), 163-167.

Steiger, R.; Abegg, B. (2013): The sensitivity of Austrian ski areas to climate change. In: Tourism Planning & Development 10 (4), 480-493.

Steiger, R.; Mayer, M. (2008): Snowmaking and Climate Change. In: Mountain Research and Development 28 (3), 292-298.

StMFLH – Bayerisches Staatsministerium der Finanzen, für Landesentwicklung und Heimat (2013): Landesentwicklungsprogramm (LEP) Bayern in der Fassung vom 22.08.2013. München.

StMLU – Bayerisches Staatsministerium für Landesentwicklung und Umweltfragen (1971): Antwort des Bayerischen Staatsministeriums für Landesentwicklung und Umweltfragen betreffend die Schriftliche Anfrage des Herrn Abgeordneten Dr. Kaub vom 20. August 1971 betreffend Teilprogramm „Erholungsraum Alpen". Drucksache 7/1494, 5. November 1971.
http://www.bayern.landtag.de/www/ElanTextAblage_WP07/Drucksachen/0000001000/07-01494.pdf (12.03.2017).

StMWIVT – Bayerisches Staatsministerium für Wirtschaft, Infrastruktur, Verkehr und Technologie (2006a): Landesentwicklungsprogramm Bayern. München.

StMWIVT – Bayerisches Staatsministerium für Wirtschaft, Infrastruktur, Verkehr und Technologie (2006b): Landesentwicklungsprogramm Bayern. Shapefiles. München.

Svadlenak-Gomez, K. (2016): The global framework for nature protection. In: BMUB – Bundesministerium für Umwelt, Naturschutz, Bau und Reaktorsicherheit (Hrsg.): Alpine Nature 2030 – Creating [ecological] connectivity for generations to come. Berlin, 13-16.

UMG – Umweltbüro Grabher (2008): Landschaftskammern in Vorarlberg – Abgrenzung und Erschließung. Hard.

Vögele, D. (2015): Der Samerberg und die Hochriesbahn. Rosenheim.

Vorarlberger Landtag (2016): 24. Beilage im Jahre 2016 zu den Sitzungsberichten des XXX. Vorarlberger Landtages. URL:
http://suche.vorarlberg.at/vlr/vlr_gov.nsf/0/415E92AF699BF8BCC1257F88003E2D46/$FILE/242016.pdf (30.03.2017).

Werth, H.; Kraft, B. (2015): Untersuchungen am Birkhuhn (Tetrao tetrix) im Gebiet des Riedberger Horns. In: Berichte zum Vogelschutz 52, 99-114.

Wessely, H.; Güthler, A. (2004): Alpenpolitik in Deutschland. Anspruch und Realität. Nürnberg. = Bund Naturschutz in Bayern Forschung 8.

Wüstemann, S. (2017): Regionale Folgen von Landschaftsveränderungen. Eine Fallstudie am Beispiel der traditionellen Kulturlandschaft im Oberpinzgau. Salzburg. = Materialien zur Raumplanung 25.

Zäch, C.; Pütz, M. (2014): Regional Governance in der grenzüberschreitenden Zusammenarbeit: Eine Analyse des INTERREG-Programms „Alpenrhein-Bodensee-Hochrhein". In: disP 50 (4), 29-42.

Autoren

Univ.-Prof. Dr. **Hubert Job**, Julius-Maximilians-Universität Würzburg
E-Mail: hubert.job@uni-wuerzburg.de

Jun.-Prof. Dr. **Marius Mayer**, Ernst-Moritz-Arndt-Universität Greifswald
E-Mail: marius.mayer@uni-greifswald.de

Peter Haßlacher, Vorsitzender der CIPRA Österreich, Innsbruck
E-Mail: peter.hasslacher@cipra.org

Gero Nischik, Julius-Maximilians-Universität Würzburg
E-Mail: gero.nischik@nk-masters.de

Christoph Knauf, Julius-Maximilians-Universität Würzburg
E-Mail: christoph.knauf@nk-masters.de

Dr. **Marco Pütz**, Eidgenössische Forschungsanstalt für Wald, Schnee und Landschaft (WSL), Birmensdorf/Zürich
E-Mail: marco.puetz@wsl.ch

Josef Essl, Geschäftsführer der CIPRA Österreich, Innsbruck
E-Mail: josef.essl@cipra.org

Andreas Marlin, Amt der Vorarlberger Landesregierung, Bregenz
E-Mail: andreas.marlin@vorarlberg.at

Manfred Kopf, Abteilungsleiter im Amt der Vorarlberger Landesregierung, Bregenz
E-Mail: manfred.kopf@vorarlberg.at

Dr. **Stefan Obkircher**, Amt der Vorarlberger Landesregierung, Bregenz
E-Mail: stefan.obkircher@vorarlberg.at

Kurzfassung / Abstract

Analyse, Bewertung und Sicherung alpiner Freiräume durch Raumordnung und räumliche Planung

Alpine Freiräume werden zusehends knapper. Diese Aussage gilt in den Alpen für den naturgemäß raren Dauersiedlungsraum, der z. B. in Tirol nur 11,8% des Staatsgebietes umfasst. Die Bevölkerung wächst in vielen Talschaften und damit auch die erforderliche Infrastruktur. Aber auch die Freiräume, die in den darüber gelegenen Höhenstufen der Alpen liegen, werden sukzessiv zerschnitten und mit technischen Anlagen (z. B. Seilbahnen, hydroelektrischen Anlagen) bzw. immer intensiveren Nutzungen (z. B. E-Mountainbikes) erschlossen. Im Freistaat Bayern begann die alpenweite Erhaltung von Freiräumen mit der Implementierung des Alpenplans als raumordnerische Zielsetzung bereits im Jahr 1972. Die dadurch betriebene Zonierung des gesamten bayerischen Alpenraums nach drei Intensitätsstufen der verkehrlichen Nutzung war eine echte Innovation des Normgebers. Sie zielte mit ihrer sogenannten Zone C auf den damals noch jungen Naturschutz und die Verringerung alpiner Naturgefahren ab. In der Hauptsache jedoch galt diese planerische Initiative der nicht anlagengebundenen, landschaftsbezogenen Erholung, das heißt Freizeit- und Tourismusaktivitäten in der Natur. Heute bestehen mehr oder weniger erfolgreiche, verwandte Initiativen in allen deutschsprachigen Alpenstaaten und der Schweiz. Sie zu analysieren, ihre Festlegung, Funktionsweise und planerische Umsetzung vergleichend zu beschreiben sowie kritisch zu hinterfragen ist die Zielsetzung dieser Arbeit. Weil der Erhalt von Freiräumen ein transnationales Thema darstellt, gerade in den vielfach von politischen Grenzen durchzogenen Alpen, wird dabei auch auf die rahmensetzenden Vorgaben der völkerrechtlich verbindlichen Alpenkonvention aus dem Jahr 1991 abgehoben und die neue EU-Initiative EUSALP sowie deren potenzielle Auswirkungen erörtert. Im Fokus steht aber die Zusammenführung von Ansätzen zum Erhalt von Freiräumen für den Menschen (Einheimische und ihre traditionellen Wirtschaftsweisen, aber auch Besucher) und das Naturerbe. Die heute gängigen Praktiken im Umgang mit alpinen Freiräumen in Raumordnung und räumlicher Planung im deutschsprachigen Alpenraum und der Schweiz werden aufgezeigt sowie kritisch bewertet. Zudem werden künftige Möglichkeiten von grenzüberschreitenden harmonisierten Verfahrensweisen debattiert.

Schlüsselwörter

Alpine Freiräume – GIS-Analyse – Freiraumanalyse – Naturschutz – Raumordnung – Tourismus

The analysis, evaluation and safeguarding of Alpine open spaces through regional and spatial planning

Alpine open spaces are becoming noticeably scarcer. This statement applies to the inherently restricted area of permanent settlement in the Alps, which, e.g., covers only 11.8% of the territory of the Tyrol. The population is growing in many of the valleys and with it the infrastructure required. However, the open spaces, situated at altitudes above the settlements, are also being successively broken up and exploited using technical equipment (e.g. cable cars, hydro-electric facilities) or increasingly intensive types of use (e.g. e-mountain bikes). In Bavaria the conservation of open space began as early as 1972 with the implementation of the Alpine plan (Alpenplan), which set spatial planning objectives for the entire Alpine area. This led to the division of the Bavarian Alpine area into three zones of varying intensity of traffic use, a true legislative innovation. The so-called Zone C was intended for nature protection, still in its infancy at that time, and also aimed to reduce natural Alpine hazards. Primarily, however, this planning initiative was related to the role of the landscape for recreation, i.e. to leisure and touristic activities in natural surroundings. Today, there are similar initiatives of varying success in all the German-speaking Alpine states and in Switzerland. This paper aims to analyse these initiatives, comparing and critically assessing their stipulation, functioning and planning implementation. As the conservation of open space is a transnational issue, especially in the Alps, which are dissected by many political borders, reference is also made to the framework provisions of the internationally binding Alpine Convention from 1991 and to the new EU initiative EUSALP, and their potential consequences. The focus of attention is, however, on bringing together approaches for conserving open space for people (local inhabitants and their traditional economic activities, but also visitors) and natural heritage. Present-day regional and spatial planning practices related to Alpine open spaces in the German-speaking Alps and in Switzerland are presented and critically evaluated and future options for harmonising approaches across the borders are discussed.

Keywords

Alpine open spaces – GIS-analysis – Open space analysis – Nature protection – Spatial planning – Tourism